读者丛书

DUZHE CONGSHU

中国梦读本

# 血脉里，每一个人都是祖国

读者丛书编辑组 / 编



读者出版传媒股份有限公司
甘肃人民出版社
甘肃·兰州

**图书在版编目（C I P）数据**

血脉里，每一个人都是祖国 / 读者丛书编辑组编
. -- 兰州 ： 甘肃人民出版社，2018.5（2024.12重印）
（读者丛书. 中国梦读本）
ISBN 978-7-226-05275-4

Ⅰ. ①血… Ⅱ. ①读… Ⅲ. ①中国特色社会主义－社会主义建设模式－通俗读物 Ⅳ. ①D616-49

中国版本图书馆CIP数据核字(2018)第095714号

项目统筹：李树军　党晨飞
策划编辑：党晨飞
责任编辑：田彩梅
封面设计：装帧设计 Mobile:13693001197

**血脉里，每一个人都是祖国**
XUEMAI LI, MEI YI GE REN DOU SHI ZUGUO
读者丛书编辑组　编

甘肃人民出版社出版发行
（730030　兰州市读者大道 568 号）

三河市富华印刷包装有限公司印刷

开本 710毫米×1000毫米　1/16　印张 15　插页 2　字数 222 千
2018年7月第1版　　2024年12月第3次印刷
印数：12 031~17 030

ISBN 978-7-226-05275-4　　定价：69.00元

# 目　录
CONTENTS

# 梦想照耀中国

《南方周末》编辑部

300 年前的“五月花”号绽开了一个美国梦。

5000 年的大历史发酵出了一个中国梦。

这是 5000 年的中国和中国人。她的文明史和梦想史一并持续、长久、辉煌地展开。

民为贵，君为轻。甘其食，美其服，安其居，乐其俗。万般皆下品，唯有读书高。四海之内皆兄弟。近悦远来，万邦来仪。小康世界。天下大同。

这是 170 年前的中国和中国人。他们被海盗逻辑和强盛文明所震惊。他们要维新自强，富国强兵。

这是百年前的中国和中国人。共和之梦被内乱外患所破碎。他们要科学民主，救亡启蒙。

这是 60 年前的中国和中国人。新的共和国、新的人民和新的梦想一并站起来。

这是30年前的中国和中国人。从噩梦时代醒来，睁眼看世界。摸着石头过河。让一部分人先富起来。发展是硬道理。全民奔小康。

这是今天的中国和中国人。和谐建设和平崛起，找回自信找到从容。

这是能够梦想的中国。这是敢于梦想的你，这是兑现梦想的中国季。

今天，我们共同回味一群中国人的“中国梦”，回味一个国家的“中国梦”。

让我们一起来聆听一组中国人的梦想故事：真正的法治天下；环境干净点，蓝天多一点；电影的题材更宽，风格更多样，电影走得更远；富强、民主、文明、非常和平的中国；不仅做经济强国，而且做受人尊重的国家；进入大学学法律，做一个感恩的倡导者；为个人、为社会创造财富，做自己愿意做的事情……从凡俗之梦到伟大之梦。从个人之梦到家国之梦。

这些“中国梦”的践行者，既成全着其个人的“中国梦”，也成全着中国的“中国梦”；既践行着中国之梦，也践行着地球公民之梦。

在这个难忘的盛典，我们一起展开我们自身的梦想。

在这个普通的日子，我们共同为我们的国家发愿畅想。

我们共同默祷：我有一个“中国梦”。

“中国梦”，承载着中国最基本的价值观，最核心的文明观，承载着中国精神。

更民主更法治，更社会主义更市场经济，更富裕生活更平等权利。

人人都可以。人人有机会。

中国要成为一个伟大国家，就需要中国人人人都是梦想家，就需要摆脱一个个噩梦，刷新一个个旧梦，展开一个个美梦。

梦想照耀现实，现实滋养梦想。

“中国梦”发祥于梦想家的梦想，成就于践行者的践行。

“中国梦”提升着中国，“中国梦”也将感召世界。

我们衷心祝愿每一个人都能实现自己的中国梦！

（摘自二十一世纪出版社《中国梦：38个践行者的故事》一书）

# 一个王朝的挽幛

吴光辉　詹宏志

## 一

一笔长横是风。一笔斜点是雨。一笔卧钩是泪。

1898 年 7 月 8 日这一天，整个江南山景就如同一幅黑白相间的书法作品，被“开缺”免职、遣送回乡后去祭祖的翁同龢，一路悲伤地向着这幅作品深处跌跌撞撞而去。一片墨黑的天空正下着细雨，刮着阴风。69 岁的翁同龢早已脱下一品朝服，穿上一件玄色长袍，全身被阴风吹得瑟瑟发抖，雨水早已淋湿了他花白的头发。

风黑。雾白。雨清。

常熟虞山西麓，祖坟四周的垂柳飘拂着无奈，祖坟前新插的白幡飘展着悲苦，白色纸钱在四处飘飞着惆怅，焚香的青烟从土坟前升腾起忧伤。白发玄衣的翁同龢还没走到父母的坟前就痛哭流涕起来：“父母大人呀，儿子不孝，对不起你们呀！”他是一路喊着、哭着，踉踉跄跄地奔到坟前的。他流着泪在坟前供上祭品，点烛烧纸，乐手们吹起了唢呐。一曲凄凄惨惨的苏南民间悲调便从坟间传出，呜呜啦啦，凄惨动人。

翁同龢跪倒在黑白相间的水墨山景里，跪倒在撕心裂肺的绝望中。

一夜的漫天阴雨随风扫过，留下了点点愁苦；一夜的孤雁在林间盘旋，留下了沙哑的长鸣；一夜的寒霜无声地洒落，留下了一片揪心的惨痛；一夜的无边悲愁，使翁同龢白了一尺胡须。悲苦、惆怅、绝望，这便是翁同龢挥毫写下的《祭祖》手札的情感由来了。这恐怕也是我翻开翁同龢的《松禅老人遗墨》，就感到从那一幅幅白纸墨迹的字里行间，流泻出无限的愤懑与忧伤的原因吧。

我觉得那本在他去世后出版、现已发黄、陈旧斑驳的书法作品集，早已不仅仅是翁同龢被削职为民、归隐山林时的艺术结晶，而是一种封建知识分子理想破灭时的情感发泄，又是一种封建王朝从兴盛走向没落时的历史笔录，更是 1894 年甲午战争失败后的时代挽幛。渗透纸背的不仅仅是翁同龢晚年的墨迹，而更多的是翁同龢报国无门、忧国忧民的无限惆怅。

我不知道翁同龢是不是色盲，但他肯定将他的归隐地江苏常熟虞山那原本五颜六色的景物，全都精简成黑白照片似的图像，然后用他的书法思维，将这远离县城的寂山静水，勾勒成黑白相间的泼墨，从而写下了《黄昏犹作》《虞乡续记》《山居闭门》《春江渌涨》等一幅又一幅书法佳作。他让眼前的世界全都变作笔下和黑白与线条，又让线条和墨色在白纸上化作一种无奈与叹息；同时，他还让世间的刁钻乖滑全都变作笔下的朴拙敦厚，又让人世间的忠奸是非化作一种黑白对比强烈的独特形态。翁同龢就这样将自己在书法的黑白世界里化作永恒。

我敢断言，翁同龢选择书法是他人生的一个必然。因为在书法的黑白世界里，他内心深处的这种非白即黑思维方式，才能得以充分的表达，而他的人生又一步一步地迫使他选择了这种表达。然而，正是这种非白即黑的思维方式，成为大清王朝的国家悲剧和翁同龢个人悲剧产生的一个重要思想根源。

翁同龢在甲午战败后积极参与戊戌变法，想通过变法来挽救国家的危亡。他私访康有为，随后又在光绪帝面前举荐“康有为之才过臣百倍，请皇上举国以听”，从而揭开了中国近代史上“百日维新”的序幕。然而，在“百日维新”的第四天，他就被以“言语狂悖，渐露跋扈”的罪名“开缺回籍”了。这恐怕便是非白即黑思维方式造成的结果了。正是这种非白即黑、非忠即奸、非好即坏的思维模式，认定了翁同龢这位两代帝师能一下子由忠变奸，他也就逃脱不了被削职为民、“交地方官严加管束”的下场，后来一大批维新人物也惨遭血腥镇压。

墨黑。纸白。泪浊。

他当日挥毫写下手札一幅：“伏哭毕，默省获保首领从先人于地下幸矣，又省所以靖献吾君者皆尧舜之道，无骫骳之辞，尚不致贻羞先人也。”这就是我们后来看到的那幅《祭祖》墨迹了，他在字里行间倾诉着一代精英忠心报国却被黜回乡的无限悲伤。

一笔长横是风。一笔斜点是雨。一笔卧钩是泪。

## 二

孤寂。黯然。神伤。

翁同龢踟蹰在残阳西斜、枯叶乱舞、哀鸿长鸣的山景中，沉思在100多年前晚清王朝的那个悲伤季节里。良久，满怀怨恨的翁同龢，缓缓地提起那支饱蘸悲愤的狼毫，渐写渐快，渐写渐浓。我在想他笔下的这幅墨迹《一笔虎》岂止是书法作品，分明就是一代文化精英在经历“甲午”“戊戌”打击后的最后企望，分明就是一个王朝在甲午战败后垂死挣扎的时代梦想。

翁同龢一生的分水岭就是甲午战争。翁同龢从“春风得意马蹄疾，一日看尽长安花”，一下子变成了“此去闭门空山里，只须读易更言诗”。由此，翁同龢的人生也“从白而黑，从忠而奸，从好而坏”了。

如果按这种非白即黑的思维模式来判断，翁同龢的大半生是白的、忠的、好的，一直到69岁，突然就变成了黑的、奸的、坏的。他20岁被选为拔贡，22岁中举人，26岁中状元，从此官运亨通，一路高升，成为同治、光绪两代帝师，被皇上和太后誉为“讲授有方，入值甚勤”。他与光绪皇帝的感情达到了难舍难分的地步，成为光绪皇帝最亲近的股肱大臣。他曾积极赞同开设为国家培养人才的同文馆，曾奏请停止圆明园工程建设，曾平反杨乃武与小白菜的冤假错案，曾在中法战争中积极主张抗争。在甲午战争中，他又声斥李鸿章的软弱求和，力主“以战求和”。在甲午战败后，他又积极组织和参与了戊戌变法，想通过变法来探求中国富强之道，改变中国落后挨打的局势。也就在这时，他一下子变成了“言语狂悖”的奸党，被“开缺回籍”，原本“难舍难分”的光绪皇帝，这时居然一下子变得“上回顾无言”了。

可怕的是这种非白即黑的思维模式表现在官场上形成的忠奸之辩，在朝野里将大臣们划分为忠臣、奸臣，在甲午战争中划分为主战派、主和派，在戊戌变法中又划分为帝党、后党，翁同龢的人生就是因为这种思维模式而兴衰起伏。当翁同龢被认定是个奸佞之臣时，他原本几十年的政绩也就被一笔勾销，结果也只有被“开缺”免职了。

因此，甲午战争不仅仅是一个国家与另一个国家之间的武力拼搏，而且是一种体制与另一种体制之间的政治对抗，更是一种思维模式与另一种思维模式之间的文化较量。慈禧、光绪就是运用这种思维，翁同龢、李鸿章就是运用这种思维，国人同样运用这种思维。这样，甲午战败也就成了一种必然，翁同龢被开缺罢官也就成了一种必然。正因如此，翁同龢选择书法作为他人生的最后寄托，也就是情理之中的事情了。在书法的黑白世界里，他内心深处的这种思维模式，才能得到充分的表达与展示。

从此，翁同龢“此去闭门空山里，只须读易更言诗”；从此，大清国少了一位权臣，却多了一位书法大家；从此，他日临汉碑，勤摹图画，他的书法日渐老辣，臻于化境，成为《清史稿·翁同龢传》所言“自成一家，尤为世所宗”，他成为《清稗类钞》谓之“叔平相国书法不拘一格，为乾嘉以后一人”之书法宗师。

苦雨。草堂。枯灯。

孤居山野，了此残生，唯有书法相随。

## 三

一捺侧锋是风。一横中锋是雨。一点回锋是泪。

1904 年 7 月 4 日夜，江南山林，溽热烦闷，一片墨黑，唯有一盏枯灯随风摇曳，似翁同龢即将飘逝的生命。

弥留之际的翁同龢已经不能提笔，枯槁瘦弱，满脸愁苦，气若游丝。他自知大限已到，便断断续续地口占《绝别诗》："六十年中事……伤心到盖棺……不将两行泪……轻与汝曹弹……"他气喘吁吁地说完最后一句，就再也克制不住，两行老泪纵横而下。经历一阵痛苦痉挛之后，他又以《论语》集句给自己撰了一副挽联："朝闻道，夕死可矣，今而后，吾知免夫。"他睁着泪眼看着自己给自己撰写的挽幛，让人代笔高悬于堂前，白纸黑字，黑白分明，他这才仰天长叹一声，闭上了双眼，饮恨长逝。就这样，一代爱国老臣抱着无尽的幽怨和孤愤，从此长眠于江南虞山尚湖之间，长眠在大清国岌岌可危的命运里。

其实，他是在为甲午战争、戊戌变法殉情。他岂止是死在了非白即黑的思维模式里，他还死在了顺我者昌、逆我者亡的皇权思想里，死在了垂死挣扎的封建专制体制里。

一笔长横写清苦。一笔斜点书悲伤。一笔卧钩画凄凉。

翁同龢就这样带着满腹怨恨离开了人世，也给后人留下了是非成败、功过忠奸的无数话题。他那绝笔的挽幛高悬在山间草堂里，也高悬在晚清王朝的天幕上。

然而，他给后人留下了《松禅老人遗墨》，也给中国书法史上留下了一座艺术高峰，更给晚清王朝走向最后灭亡写下了一个时代的挽幛。

一路纸钱飘飞，就是遣散他飘逸超脱的艺术灵魂。一路唢呐长鸣，就是高扬他质朴拙涩的书家境界。一路挽幛翻舞，就是高悬他悲怆厚重的爱国思想。

（摘自《读者》2016 年第 14 期）

# 百年革命　三封家书

梁　衡

我从百年历史烟尘中拣出 3 封革命家书。写信者都是当时为自己的理想而奋斗、不惧牺牲的热血青年。后来，一个成了名垂青史的烈士，一个成了共和国的元帅，一个没入历史的烟尘，代表着那些无数的无名英雄。细看就会发现，三封家书，一条红线：舍己为国。

有事去福州，公余我又去拜谒了一次林觉民故居。林觉民的《与妻书》是辛亥革命的重要文献。黄花岗 72 烈士，其事迹大多湮灭，幸有这篇美文让我们能窥见他们的心灵。

《与妻书》我不知读了多少遍。印象最深的是“即此爱汝一念，使吾勇于就死”“当亦乐牺牲吾身与汝身之福利，为天下人谋永福”。他反复给妻子解释，我很愿与你相守到老，但今日之中国，百姓正处于水深火热之中，我能眼睁睁看他们受苦、等死吗？我要把对你的爱扩展到对所有人的爱，所以才敢去你而死。家人在门缝里发现有人塞进来的《与妻书》，同时还有他写给父亲的一封信，只有几十个字："不孝儿觉民叩禀父亲大人：儿死矣，惟累大人吃苦，弟妹缺衣食耳，然大有补于全国同胞也。大罪乞恕之。"其壮烈而平静之举令人感慨。

福州之后又两月，有事去重庆江津，这是聂荣臻元帅的家乡，便去拜谒纪念馆和故居。故居前庭的正墙上有一封放大的家书手迹，是聂荣臻于 1922 年 6 月 3 日写给父母的：

父母亲大人膝下：

不得手谕久矣。海外游子，悬念何如？又闻川战复起，兵自增而匪复狂！水深火热之家乡，父老之苦困也何堪？狼毒野心之列强无故侵占我国土。二十一条之否认被拒绝，而租地期满又故意不肯交还。私位饱囊之政府，只知自争地盘，拥数十万之雄兵，无非残杀同胞。热血男儿何堪睹此？男也，虽不敢以天下为己任，而拯父老出诸水火，争国权以救危亡，是青年男儿之有责！况男远出留学，所学何为？决非一衣一食自为计，而在四万万同胞之均有衣食也。亦非自安自乐以自足，而在四万万同胞之均能享安乐也。此男素抱之志，亦即男视为终身之事业也……

男荣臻跪禀

六月三号

拜读这封 89 年前海外游子的家书，我不觉肃然起敬。那个时代的有为青年留学到底为了什么？"决非一衣一食自为计，而在四万万同胞之均有衣食也。亦非自安自乐以自足，而在四万万同胞之均能享安乐也。"这与林觉民"为天下人谋永福"何其相通。

要考察一个人的思想，家书大概是最可靠的。因为对亲人可以说真话，而且他也想不到日后这封信会发表。我又联想到 5 年前在河北涉县参观八路军 129 师师部旧址时见到的另一封家书。那是一个普通的八路军战士（或干部）在大战前夕写给妻子的。从重庆回来我就赶快翻检资料，终于找到了那张发黄的照片，手迹大部分清晰可辨，全信如下：

喜如妹：

我俩要短期分开了。这是我们的敌人给我们的痛苦，只有消灭了我们的敌人，才能消除这个痛苦。

我的病暂时也没有什么要谨（紧），因病得很长，一时亦难除根。我很高兴在党和上级爱护之下，给我这五个月的时间休养，很不错。我这此（次）决心到前方要与我们当前的敌人搏斗，拿出最大决心和牺牲精神与人民立功。我第二个高兴是你很好，特别是对我尽到一切的关心和爱护。同时我有两个很天真活泼的小孩，又有男又有女。你想这一切都使我很满足，永远是我高兴的地方。

战斗是比不得唱戏，不是开玩笑，是有牺牲的精神才能打垮和消灭敌人。趟（倘）我这次到前方或负伤牺牲都不要难过，谨记我如下之言：

无产阶级的革命一定会成功的，只是时间之长短，但也不是很长的。家人一定要翻身。要求民主与独立，这是全世界劳苦大众都走革命这条道路，苏联革命成功是我们的好榜样。就是我牺牲了也是很光荣的，是为革命而牺牲，是有价值。在任何情况下我是不屈不挠，坚决□□□部队与敌人战斗到底，一直把敌人消灭尽为止。望你好好保重身体，多吃饭，不生病，我就死前方放心。同时希你好好扶养丰丰小儿、小女雪雪，长大完成我未完之事。一直完成社会主义革命到共产主义社会。谨记谨记。

我生于一九一九年十月，家居安徽省霍山县石家河保瓦嘴□。

茂德

一九四七·四·二□于魏□

这封信写得很镇静、乐观又有几分悲壮。这个署名“茂德”的作者，是刘邓领导的129师的普通一员。也许他已经在战火中牺牲。这封上战场前匆匆写给妻子的信，让我们看到了那个时代的人的真实生活。

（摘自《读者》2011年第17期）

# 从历史的僵化定义中还原那代人

许知远

1970 年冬天，唐德刚访问台湾，林语堂请他吃饭。

唐德刚按时抵达酒店，店内喧哗嘈杂，他问衣冠楚楚的总招待："林语堂先生请客的桌子在哪里?"

"林语堂是哪家公司的?"总招待一脸茫然，大声反问道。

在唐德刚所作的《胡适口述自传》的序言里，我读到这段插曲。历史如此健忘，不用一代人的工夫，曾经的声名显赫就变得无人问津，那些生动的情节就变成了定式的僵化。大约 28 年后，我在北京大学电教报告厅看到了唐德刚，他正在作一场关于胡适的演讲。我忘记了演说的内容，只记得一个 70 多岁、身材矮小的老人，滑稽可爱，在台上手舞足蹈，普通话中带着浓重的安徽口音，经常说"兄弟"。尤为难忘的是，他好几次提到"胡适对我说"。

走出报告厅后，我内心有一种莫名的颤动。那是个初夏的下午，道路两旁的杨树枝叶茂盛，烈日下的马路上是斑驳的树影，阳光与阴影交错，仿佛是历史的明与暗。胡适？是那个 27 岁就名扬天下的胡适吗？他们同处一室，握手、交谈、吃饭、骂娘……

那一年是北京大学百年校庆，偌大的校园被装饰成一个游乐场。新文化运动、五四运动被不断地提及，我们这些学生，也早已习惯将胡适、陈独秀、鲁迅这些名字以及蔡元培的“兼容并包”的办学原则挂在嘴边。老北大已经变成一个神话，新文化运动是神话的序幕，而五四运动则是高潮部分。至于这神话的具体内涵是什么，这神话中的人物是何种模样、有着怎样的内心，甚至新文化运动和五四运动之间内在的关系是什么，清楚的人并不多，有的只是模模糊糊的一团。

我们住在燕园里，它是司徒雷登的遗产，与沙滩红楼没有渊源，记忆被割裂了。入学的第一天，辅导老师带着我们参观 28 楼后面的铜雕。两个海狮模样的动物扭曲着身体，头顶上是个圆球。这两只海狮是 S 与 D 的变形，正是“科学（Science）”与“民主（Democracy）”之意，它是新文化运动的嘹亮口号，激励了几代青年人的成长。不过此刻，调皮的学生给予了铜雕新的含义——“科学、民主顶个球”。

真实的悲哀、历史的嘲弄在笑声中被掩盖了——将近一个世纪后，当初的期望没有实现。不仅如此，它们的含义也在口号声中被抽象化了，你很难再去理解它们曾经的情绪与力量，它们如何让一代人热血沸腾，认定自己找到了拯救中国的要义。那些名字、那些理念、那些运动，既获得了不朽，也迅速腐朽了——它只存在于历史中，与现实中的我们难有关联。

吴虞是谁？那位曾被喻为“只手打倒孔家店”的老英雄，如今沉睡在历史的烟尘里，他的故居被改装成了麻将馆。蔡元培是谁？人们似乎只记得他再造了北大，但至于是怎么再造的，却是一团模糊，只记得“兼容并包”这句口号。胡适又是谁？记得读高中时，我以博学多闻在班里著称，一次逛书店时，同桌的女生指着一本书问我：“胡适是谁？”“著名的反动文人。”我想也没想地说。在一本充满阶级斗争思想的文学史里，我读到过他的简介。而大名鼎鼎的陈独秀，以前我压根就没有读过他的任何东西，他的知识分子色彩总是让位于他的政治角色——中国共产党的创始人之一。但很可惜，他似乎是脱离了党，造成了巨大的错误，这个错误吞噬了他的一切。至于最著名的鲁迅，他肯定早就把我们的胃口倒坏了——课本里选了太多他的文章，他的头衔又太多太伟大。“话说三遍如烂草”，再没有比不断重复强调他的重要性更容易摧毁一个作家的了。倘若我们此刻去北京的餐厅吃饭，恐怕除去鲁迅以外，所有人都要被更加衣冠楚楚的招待问上一句：“他是哪家公司的?”

在1998年初夏的那一瞬间，唐德刚似乎建立起了这种联系。那个胡适离我并不远，他的余温仍在。短暂的恍惚感很快就过去了。整个大学时代，我经常向别人说起新文化运动，说起五四精神，却从未试图真正理解这一切，谈论它们更像是一种对此刻环境的否定：你看，那是个自由宽容、百家争鸣的年代，那也是个学生能够表现自己力量、改变国家命运的年代。我抒情化地理解这一切，夸张他们精神的纯粹性，似乎是对现实生活下意识的报复——这思想日渐沉闷与狭隘、知识分子日趋边缘化的年代啊!

一年前，我无意中阅读到陈独秀的文章《爱国心与自觉心》。它写作于1914年11月，正是袁世凯复辟的前夕。那也是中国社会价值观混乱的时代。1911年，辛亥革命、共和制带来的希望，早已让位于一种巨大的失落。宋教仁被刺杀，国会被解散，袁世凯的个人野心正让历史倒流。政治腐烂又导致了社会的衰败，道德系统迅速崩溃，大多数个人在这种转变中无所适从。外来压力又无时不在加强。伴随着欧洲卷入一战，日本加速了对中国的侵略，一种爱国情绪在中国社会兴起。正是此刻，陈独秀提出了个人与国家的关系：个人不应盲目卷入爱国的热忱中，被国家的需要吞噬，而应作出理性的判断——这个国家是否以保护其国民为目的?只有以人民利益为中心的国家，才是值得爱与奋力支持的。读到这篇文章时，正是“爱国”再度成为时髦之时，新一代青年在MSN上加满签了名的红心，大声辱骂着家乐福超市……个人缺失了，汇聚成一个集体；爱国的内涵模糊了，变成了一种口号式的情绪。

接着，我又开始阅读胡适、鲁迅、蔡元培，出人意料的是，这些 90 年前写就的文章，似乎正是为此刻的中国而作。个人与社会、与国家的关系，对外部世界的态度，国民性的弊端，对传统的态度，个人的解放，教育的目的……这些命题都曾被如此广泛地讨论过。白话文的发展仍不算成熟，这些夹在新旧世界间的人物使用的半白半文的修辞，经常重复、烦冗、急躁、简单化，但是他们的洞察力却经常是惊人的。倘若将华盛顿、杰斐逊、亚当斯、富兰克林视作美国的建国之父，那他们则是中国现代思想的奠基一代；倘若将因德雷福斯案件而团聚在一起、突显力量的法国知识分子视作现代知识分子的缘起，那么他们在 1919 年的表现，则是中国现代知识分子崛起的标志。

好奇心诱使我去重读他们的作品，也试着去了解那段历史。它随即变成了一场没完没了的追寻。倘若要了解他们这一代人，就必须了解晚清到民国艰巨的转变，必须要了解比他们年长一代的康有为、梁启超的思想变化，再了解比康有为、梁启超一代更年长一代的曾国藩、张之洞、郑观应他们的内心转变……正是这三代人，逐次目睹着中国从中央帝国的位置坠入到被瓜分的境地。第一代人相信，是我们的军事技术不行，第二代人则说只有改变政治制度才行，但到了第三代人，在之前的尝试都失败之后，开始认定是我们的文化出现了问题——必须重新洗刷一切，才能创造出新的国家与民族；必须开启人们长期被蒙蔽的头脑，让他们能独立思考，尤其是青年人，他们是未来。

但倘若你不理解中国在这一时期发生的政治、经济变化，你也难以理解他们。正是中央集权的崩溃、南北对峙局面的形成，才为知识分子创造出思想的自由，这在中国历史上很少出现。正是因为近代出版业的繁荣，才使报纸、杂志走向公共舞台的中央，既为知识分子提供了表演的舞台，也提供了经济上的支持。正是学堂的大批出现，培养了数量众多的学生，才使得学生运动成为可能。

倘若将 1915 年 9 月 15 日《新青年》的创刊视作文化拯救一代兴起的标志，那么 1919 年 5 月 4 日的街头行动，则标志着这个阶段的终结。4 年的“蜜月时光”后，那一小群才华横溢的人聚集在《新青年》和北大周围的同舟共济的气氛，让位于分裂。通过文化来改造中国的设想，看起来太缓慢了，一些人想要采取更直接的行动，所以需要更严密的组织；仅仅对着一小群知识分子说话的魅力不够了，一些人想要寻找更广大的听众。中国面临的问题太多了，挑战太急迫了，这些启蒙者不能像他们18世纪的欧洲先辈那样，在沙龙上、在书籍里、在谈话中，从容优雅地讨论他们的观念，让这一切更清晰、更深入，他们被催促着要行动。

于是，在1919年5月4日，在激情和权力处于最巅峰的时刻，这场思想上的运动也耗尽了它的生命力，准备褪色与暗淡了。那些曾经的年轻人，热情地、投入地，也经常急躁地试图理解和改变自己生活的世界，他们也和我们一样经常犯错误。也正因为如此，我们可以从他们当初的思想与行动中，获取灵感和鼓舞，支持我们继续他们未竟的事业，并为下一代留下新的遗产。

从历史的僵化定义中还原那一代人，体验他们内心的冲突与转变、希望与失落、成就与局限，理解他们生活的时代与社会。这种探索，不仅将丰富我们对于中国的理解，也可能为我们此刻的道路带来新的光亮。这或许才是对他们最好的纪念……

（摘自《读者》2010年第16期）

# 我怎样飞向了自由的天地

丁　玲

我出生的家庭，是一个没落的望族，这种家庭对于人一点好处都没有。好不容易我母亲冲到社会上来而且成为一个小学校长。我也因为受到母亲的教育而成为一个女子师范学校的预科生。但我的母亲由于环境和时代的限制，她的思想也不过是使得我将来有谋取职业的本领，不至于在家里受气，和一个人应该为社会上做一番事业。我自己呢，完完全全是一个糊涂的小孩子，从来也没有过什么思想，顶满意自己的环境，觉得自己很聪明，校长、教员、同学都喜欢我，可是这时忽然来了五四运动。五四运动的思想在那时因为我的年龄和知识都够不上接受什么，没有什么直接影响，但对于我的前途却有很大的关系，我之所以有今天，不能不说是五四运动的功劳。

五四运动那年，我正在桃源女师预科读书。这个学校以前没有过什么社会活动。但五四运动的浪潮，也冲击到这个小城市了。尤其是里面的一小部分同学，她们立刻成立学生会，带领我们去游街、讲演、喊口号。我们开始觉得很茫然，她们为什么这样激动呢？我也跟在她们后边，慢慢我有了一个思想：“不能当亡国奴。”她们那时在学校里举行辩论会，讨论很多妇女问题、社会问题。教员很少同情她们，同学们大多数赞成她们。我很佩服其中的两个同学：杨代诚和王剑虹。可惜由于我那时班次低，年龄小，没有同她们在一起，然而只要有机会我就表示了我的态度。譬如有一次她们讲到女子剪发，同教员们做了很激烈的论争，教员讲话，我们不鼓掌；王剑虹一讲话，我们就鼓掌。会后许多人都把辫子剪了，我也不假思索地跟着做。现在剪发是太平凡了，而且成为当然的现象，但那时却是件大事。我们为着没有辫子，四处遭受冷嘲或责骂。后来她们又办了一所贫民夜校，看见我喜欢活动，叫我去教珠算，学生们看见我比讲台的桌子高不了多少，都叫我“崽崽先生”。

这一群同学当时是我的指路明灯，她们唤起我对社会的不满，灌输给我许多问号，她们本身虽没有给我以满意的答复，却使我有了追求真理的萌芽。后来我又随着王剑虹、杨代诚到了上海，她们把我领到广大的领域里。我们做了很好的朋友，茅盾先生在《丁玲传》里说到她们。现在让我纪念早死的剑虹，和致意生活在南方的一知吧（一知即杨代诚）。

我的母亲在常德，当时她如何受到五四运动的影响，我不大清楚。总之，当我暑假回到家时，我的母亲便同我谈到转学问题，她觉得一个人要为社会做事首先得改革这个社会，如何改革这个社会是今天必求的学问。一般的师范中学的课程，不能解决这个问题。她说长沙周南女子中学要进步得多，那里面有新思想。于是母亲自己把我送到长沙，把我托付给她的一个旧同学陶斯咏先生了。一年半以后，我母亲又放手让我随王剑虹到上海去，也基于这种思想，她要使我找着一条改革中国社会的路。后来她自己也走上了这条路，她完全同意我，我们不只是母女关系，我们是同志，是知己。从那时离开她二十多年，我都在外奔波，她从没有后悔，而且向往着我的事业，支持我。我的母亲啊！你现在生活怎样？我们被反动者们封锁了、隔绝了，你无依无靠，但是你会挣扎的，你的生命力是坚强的。中国今天已经有了和平民主的曙光，中国的道路和我的道路都已经很明白地摆在中国人民面前了。这二十多年的革命历史，多少先烈在前面牺牲了，他们的血，和我们的奋斗不是白费的。母亲啊！你愉快吧！祝福你健康地活在人间，不久的将来我们会再见的。母亲！

进了周南之后，幸运的是我那一班的国文教员陈启明先生是全校最进步的人物。我们那时把他看成一个神圣的人物。他是湖南第一师范毕业的学生，同当时在湖南有名的毛泽东同志是同学。他订了许多外边的杂志报纸，他在那些文章上用朱笔画上圈交给我们读，读不懂他便讲解。很多《新青年》上的文章成了教材。我们同学大部分都不大注意别的功课，欢喜谈论问题，反对封建制度成为那时主要的课题。我在这种空气中，自然也就变得多所思虑了，而且也有勇气和一切旧礼教去搏斗。当我再回到家里的时候，首先我废除了那些虚伪繁琐的礼节，公开指斥那些腐化生活，跟着也得着我母亲的帮助把婚约解除了。大家都认为我是大逆不道，都责备我母亲对我的放任，可是我是多么骄傲。陈启明不只在思想上替我种下某些社会革命的种子，而且是多么鼓励我从事文学。在没有进周南以前，当我还在小学的时候，我便读过很多的小说，可是我的作文总不十分好。因为是用文言作文，有时还要我作四六文呢。陈启明介绍我读了许多新小说、新诗，我那时读胡适的文章、诗、他的翻译小说，读康白情的诗，读秋瑾的“秋风秋雨愁煞人”，《最后一课》《二渔夫》等是我最喜欢的。当然那故事的情调，写普法战争，法国感到快要亡国的痛苦，是深合于那时我们的情绪的。于是我便学着写，写诗，写散文，还写过一篇小说，有两首小诗刊载在陈启明等编辑的《湘江日报》上。这些东西当然是非常幼稚，算不得什么写作，不过却培养了我的文学兴趣，后来我在社会上四处碰壁无路可走的时候，我会想起用一枝笔来写出我的不平，和对于中国社会的反抗，揭露统治阶级的黑暗。一直到现在，使我有这枝笔为中国人民服务，陈启明先生给我的鼓励是有作用的。

陈启明因他的思想“过激”，而被解聘，我们感到很难受，我随着几个年长的同学又跑到一个男子中学去读书。这时这几个同学因为年龄和知识都比我较大较高，大家都感觉到在这个学校里也学不到什么，她们便离开了学校，准备自修。我呢，总觉得要向一个更遥远更光明的地方去追求。恰巧王剑虹从上海回来了。她向我宣传陈独秀、李达他们在上海要办一个平民女子学校，她邀我一起去。我又得到了母亲的赞助，抱着满怀的幻想到上海去了。自然，我并没有一下便找着光明大道，我打过几个圈子，碰了许多壁才走上正确的路的。但从这时，我飞到了一个较广阔、较自由的天地。我是放任过我自己，勇敢翱翔过，飞向天，被撞下地来，又展翅飞去，风浪又把我卷回来。我尽力回旋，寻找真理，慢慢才肯定方向，落到实际。我虽没有参加五四运动，没赶得上，但五四运动却影响了我。我在五四浪潮的最后边，但它震动了我，把我带向前边。

一九四六年五月为《时代青年》写

（摘自《读者》2007 年第 7 期）

# 李大钊为中国引来天火

徐　焰

李大钊，字守常，河北乐亭县大黑坨村人氏。1889 年生，少年入私塾，熟读四书经史，1905 年入新政中开办的永平府中学，两年后考入刚刚开办的北洋法政专门学校。辛亥革命爆发，他深受影响，开始有忧国忧民之心。毕业后于 1913 年赴日本著名的早稻田大学，入政治本科。

在日本 3 年，李大钊认真阅读了日本早期社会主义思想的传播者河上肇、幸德秋水的著作，接触到马克思主义，不过头脑中还兼容其他思想。他回国后投身新文化运动，先期办报，又到中国新思想策源地北京大学任图书馆主任。通过在社会实践中比较检验，当得知俄国革命胜利的消息后，终于从 1918 年起在思想上确立了共产主义信念，并认为只有这一真理能够救中国。

1919 年 5 月 4 日，北京学生自发举行爱国游行，李大钊演讲鼓动并奔走营救被捕者。翌年初他与陈独秀商讨了建党事宜，并支持北大学生邓中夏等组织了早期共产主义组织，外称“亢慕义斋”（英文 Communism，即共产主义的谐音）。同年春，陈独秀来信询问党名是否称“社会党”，李大钊回信一锤定音：“叫共产党！”

1921 年 7 月下旬中共“一大”在沪召开，因校内同仁生计需他解决，李大钊未能赴会。翌年 8 月李大钊赴上海拜见孙中山，代表中共提出加入国民党的建议并得到同意，成为建立第一次国共合作的首创者。在 1924 年国民党第一次全国代表大会上，有“跨党”身份的李大钊成为主席团五成员之一。同年亲驾马车率同志越出东北边境，到莫斯科参加共产国际第五次大会，并考察五个月。随后他回北京任中共北方区委书记，被军阀称作“北赤”的首要而遭通缉。1926 年 3 月 18 日，他不畏风险，主持反帝大会后率群众游行赴段祺瑞政府所在地请愿，遭军警开枪屠杀。走在队伍前列的李大钊头部和手负伤，脱险后率北方区委机关避入苏联大使馆旁边的兵营，在那里领导反帝反军阀的斗争。

## 奉系军阀使用进口绞刑机对李大钊“三绞处决”，绞杀整整进行了 40 分钟

旧中国每逢战乱，下野军阀和政治家避入外国使馆是常例。西方列强对中共领导人进入苏联使馆却实行两重标准，鼓励奉系军阀张作霖破坏国际惯例闯入搜捕。事先曾有人报警，李大钊毕竟出身书生，对形势险恶估计不足而未转移。1927 年 4 月 6 日晨，北京军警被东交民巷使馆区的外国守军放入，突袭苏联大使馆，捕去李大钊等人。在狱中李大钊身受剥指甲等酷刑，仍坚不吐实。面对各界谴责及社会名流呼号营救，奉系军阀竟于 4 月 28 日使用刚从西欧进口的绞刑机杀害被捕的 20 人，对李大钊特别使用“三绞处决”法以延长痛苦。绞杀整整进行了 40 分钟。时年李大钊 38 岁。

李大钊是遗腹子，3 岁丧母，既无兄弟，也无姐妹。这位著名的共产党人临刑前留下一张照片：宽阔的额头很干净，浓黑的双眉下神情若然，方形的脸上一片平和，只是，在他那满是皱褶的灰布棉袍下，挂着又黑又粗的铁链……

## “南陈北李”发起创建中共党组织，从一开始便是国内最先进思想和文化的代表

时势造英雄，是唯物主义的基本原理之一。在我们这个既有灿烂历史又苦难深重的国度里，才诞生出李大钊这样为长夜难明的赤县拨云破晓的人物。先进思想从来产生于先进生产力的基础上，而不可能出自太平天国、义和团那样落后的土壤中。近代想救亡图存的中国人用旧的思想武器奋斗屡遭挫败，纷纷向国外寻求真理。八国联军的野蛮入侵，使清朝旧有体制接近崩溃，20世纪初科举被废，中国大地上出现以新学为主的洋学堂，李大钊恰恰成为第一代学生。当时国人见日本学西方能迅速富强，在日俄战争前后有数万青年赴东瀛求学，李大钊也在其中。虽然日本侵略中国为祸最烈，不过中国留学生在那里接触到先进的文化，并萌发了最早的理性的反帝革命思想。中国的新思想先驱最先看到的马列主义著作，也是日文的译本，李大钊又是其中最光辉的代表。李大钊在生产力发达的国度的所见，与神州故园的悲惨境遇形成强烈反差。归国后他完全有条件跻身上层享受荣华，却甘心舍弃一切，宁愿奉献自身，也要点燃革命烈焰改造旧有的一切，如同希腊神话中窃来天火的普罗米修斯。

从时间表看，李大钊要早于陈独秀，堪称在中国播种共产主义思想的第一人。他又积极参加新文化运动，疾呼科学、民主，向陈腐的旧制度冲击。“南陈北李”发起创建的中国共产党党组织，从一开始便是国内最先进思想和文化的代表，并向后人昭示了中国社会前进的方向。

## 在北大红楼的名人中，起初唯有李大钊、陈独秀，对毛泽东的态度是例外

1918年10月，李大钊北大的同事杨昌济教授（杨开慧之父）领着一位高个儿青年来到位于红楼（位于东城区沙滩）的图书馆，想找份工作。首次交谈，李大钊就感觉这位姓毛名泽东字润之的青年言谈、见识不凡，同意安排他当助理员，

月薪 8 块大洋。毛泽东此后一面工作，一面旁听哲学和新闻课，并总想找名流请教。可是据他后来向斯诺回忆说，“大家都不理我”，“他们都是些大忙人，没有时间听一个图书馆助理员说南方话”。

在北大红楼的名人中，起初唯有李大钊、陈独秀对毛泽东的态度是例外。已是学界权威并已名满天下的“守常先生”一向愿意提携有志青年，他面对这位只有中等师范学历的属员经常登门请教，不仅有问必答，还经常推荐新书，并介绍了胡适等名师。经过接触和深谈，不少学者也感到这个操浓重湖南乡音的图书馆助理员的志向见解非同常人，此后便乐于倾心与之交流。

李大钊长毛泽东 4 岁。刚到北京时，毛泽东通过李大钊的介绍和提供的学习条件，开阔了视野，接触到共产主义思想，并掌握了对各种流派比较鉴别的方法。后来李大钊长期主持中共北方工作，身边汇聚着建党之初党的第一代有为青年，如邓中夏、陈乔年、高君宇、何孟雄、陈毅，尽管年龄相差并不很大，大家都将李大钊视为忠厚长者，平时都愿意接受他的教诲，有了内部争论和矛盾也请他排解。将李大钊称为中国革命导师的导师，当之无愧。

### 李大钊化装成车夫护送陈独秀出城，两人在京津路上商议建党

自古燕赵多慷慨豪侠之士，李大钊也受此风熏陶。对亲友、同志乃至身边工友重信诺，遇困难相助不惜解衣推食。妻子是年长他几岁的家乡妇女，没有文化，留学归来后李大钊身为文坛名流，有人劝将此糟糠之妇下堂，他断然不肯，始终相敬相爱。社会上有不少仇视李大钊的军阀政客和反动文人，却无人攻击他的私德。1919 年 6 月，被公认为五四运动领袖的陈独秀被北京军阀政府逮捕，李大钊联络各界群起营救。同年秋，陈独秀表面上获释，却被软禁在家。李大钊与志同者研究，决定送他到上海发挥领导作用。因陈独秀不会北方话，又受警探监控，很难出城，李大钊决定亲自护送。翌年 1 月，他化装成赶车夫，拿出少年时在乡下学来的本领，到陈独秀寓所接其上了带篷马车。遇城门盘查，从容应对，随后

沿小路直奔天津码头。李大钊在路上一面赶车，一面与陈独秀商议，应该建立一个共产主义政党，两人取得共识，并决定在南北分头着手。中国共产党建党的第一篇，就在京津路上的马车中完成。1920 年 3 月，共产国际派远东局局长维金斯基来华与中国革命者联络，首先到北京找到李大钊，经交谈，就建立共产党取得一致意见。随后，李大钊介绍维金斯基去上海与陈独秀相见，为正在筹划中的中国共产党早期组织建立了国际联系。同年 5 月 1 日，李大钊率北大师生、工友五百人举行纪念国际劳动节大会，并在会上慷慨讲演。会后又用两辆汽车插上红旗，到市内散发传单，党的革命旗帜从此在中国大地上开始飘扬。李大钊奔走活动，常被暗探跟踪，却总是轻蔑地斥之为“狗”，毫无畏惧。他在北大月薪高达 250 块大洋，除维持简单家用外，都用于党的经费或在身边扶贫。遇难时家无余财，妻女靠各界友好接济。

1933 年清明节后，李大钊灵柩由北大师生送往西郊万安公墓下葬，虽有如狼似虎的国民党宪兵三团镇压，甚至向送殡队伍开枪，市内各界自发参祭者却越聚越多，所举花圈挽联在西长安街连绵达一公里。

（摘自人民网 2010 年 8 月 20 日）

# 远去的马蹄声

贺捷生

1935 年 10 月的湘西，霜风扑面，万山红遍。接到北上命令的红二、六军团且战且退，正在苦苦寻找一道缝隙，准备杀出重围，去追赶遵义会议之后大踏步前进的红一方面军。

但偏偏就在这时，十月怀胎的母亲蹇先任却迟迟没有生产的迹象。被父亲贺龙安排在故乡桑植县南岔村冯家湾待产的母亲心急火燎，每天早晨醒来都拍着圆滚滚的肚子，对我说："儿啊，你怎么还不出来啊？你爸爸就要带着大部队远远地走了，如果不跟着走，到时我们娘儿俩可怎么办啊！"

好像是听见了母亲说的这些话，11 月 1 日，母亲去上厕所，我懵懵懂懂地从她的身体里爬了出来，似乎要看看她到底急成了什么样子。血泊中的母亲忘记了疼痛，脱下一件衣服把我裹了起来，让人火速给父亲报信。父亲正在前线阻击敌军，最先得到消息的红六军团政委王震命令电台给他发报："祝贺军团长，生了一门迫击炮!”

父亲大喜，命令部队乘势出击，把潮水般涌来的白军打回去。这 一出击不要紧，红军势如破竹，摧枯拉朽，连续取得了龙家寨、十万坪和忠堡战役三场大捷，斩杀了敌军师长谢彬，俘虏了敌军师长张忠汉。

到这时，父亲才长出一口气，抽出大烟斗装上一袋烟，坐在指挥部里美美地吸起来。然后，他对围绕在自己身边的任弼时、关向应、萧克和贺炳炎等战友和爱将说：“我当父亲了，你们说给这个丫头片子起个什么名字啊?”那时副军团长萧克刚娶了我的二姨蹇先佛，和父亲在搭档的基础上又成了连襟，他说：“恭喜，恭喜，军团长带领我们打了胜仗，又喜得千金，我看孩子的名字就叫‘捷生’，在捷报中出生的意思。”父亲一锤定音：“要得，孩子就叫捷生，这名字响亮!”

18 天后，我躺在由一匹小骡马驮着的摇篮里，成了红二六军团从桑植刘家坪开始长征的一员。队伍上路时，“嚓嚓喳喳”的脚步声和“嗒嗒”的马蹄声，让我乖得不敢发出哭声。我不知道为什么要躺在这样一个摇篮里，不知道队伍朝哪里走，也不知道驮着我们的那匹黑色小骡马，是父亲特供母亲和我使用的。

我不敢不乖啊！父亲原本是不准备带我走的，他连寄养我的人家都找好了——是他的一个亲戚，说好部队在离开前把我送过去。但当父亲和母亲轮番抱着我赶到那个亲戚家时，他们一家人已吓得不知去向。还在月子里的母亲虚弱得像片随时可能飘落的树叶，在这时像母狼般紧紧地抱住了我。父亲也不是铁石心肠，看到母亲生怕失去我，咬咬牙说：“那就把捷生带上吧，路途艰险，是死是活看她的命了。”

我就这样跟着父亲和母亲走了，跟着那串时而敲打在岩石上，时而踩踏在冰雪中的马蹄声走了。从此山高水长，风餐露宿，“嗒嗒”的马蹄声始终陪伴着我，就如同母亲始终对我不离不弃。

母亲当时还在产褥期，我也没有满月，我们母女俩最早被安排跟随军团卫生部行军。卫生部部长贺彪又把我们编入伤病员队，还给母亲和我准备了一副担架。伤病员行动缓慢，走到澧水河边，敌机飞来 了，扔下无数颗炸弹。河面上水柱冲天，伤病员乘坐的小船在波涛中打转，许多人落进了水里。小骡马吓得蹿了起来，前蹄腾空，差一点把我的摇篮掀翻了。贺彪叔叔扔下部队，把我从摇篮里抱出来，塞进母亲怀里，亲自撑一只船把我们送向对岸。

船到河中心，我被巨大的爆炸声和敌机的尖叫声吓得号啕大哭，贺彪叔叔冲着母亲怀里的我喊道："你哭，你哭，看你把敌机都招来了，再哭把你扔进河里！"这一吓，我真就不哭了，不知道是不敢哭，还是哭不出来了。到了对岸，警报解除了，母亲跟贺彪叔叔打趣说："捷生那不是哭，她是在吓唬敌机呢，你看敌机不是飞走了吗？"贺彪叔叔想到刚才对我太粗暴了，连忙伸出手来刮我的鼻子，逗我一笑。

那次整整走了两天一夜。到了宿营地，母亲什么都不顾，只顾把我从摇篮里抱出来，手脚并用地给我喂奶、换尿布。经过那么长时间的颠簸和惊吓，我不仅饿了，而且变得臭不可闻。你想啊，两天一夜马不停蹄地奔走，在层层叠叠裹着我的襁褓里，积攒了多少屎尿！那股臭味，简直要熏翻天。医疗队有个男护士掩着鼻子开玩笑说："等过 20 年后她长大了，我们把这情景说给她听，她肯定会害臊的。"

还未走出湖南，母亲说什么也要回军团总部。卫生部拖着那么多的伤病员，还有那么多丢不下的设备，她不好意思让人照顾。贺彪叔叔拦不住，让她把抬担架的两个兵和担架也一块带走。母亲说："这怎么可以呢？我离开卫生部，就是想把担架留下来抬伤病员。"

父亲虽然日理万机，但见到我们回到他身边，心里很高兴。他知道母亲太不容易了，除了每天要背着行装自己赶路，还得一把屎一把尿地照料我。晚上宿营时大家睡下了，她又得把我弄脏的衣服和第二天要换用的尿布洗出来。那时快到冬天了，洗好的衣服和尿布干不了，必须找炉火一件件烘干。做完这些事再躺下时，已是凌晨时分，队伍又差不多要上路了。让我们跟着军团总部走，父亲总能搭把手。

毕竟还在月子里，母亲也有走不动的时候，就抱着我骑在小骡马上走。父亲看见了，大惊失色，说：“这怎么行啊！倘若骡马受惊，一摔就是两个，还是我替你抱吧。”说着把马并过来，俯下魁梧的身躯，从母亲手里接过襁褓中的我，然后在马屁股上狠狠地抽了一鞭。

父亲那匹马高大健壮、背脊宽阔，跑起来像一阵旋风。在驰骋中敲响的蹄音，像奔雷，像风暴，像大浪拍打着礁石。

此后几天，父亲每天都带着我在山道上奔驰。他勒紧腰间的皮带，拉开领口，把我小心地放进他宽大的胸怀里，如同一只大袋鼠装一只小袋鼠。偎依在他那温暖的胸膛，我一声不吭，仿佛回到了母亲的肚子里，仿佛那一路上“嗒嗒”的马蹄声，仍是母亲的心跳。

没几天，发生了那个流传甚广的故事：他把我弄丢了。

那是过一个山垭口时，前后突然发现了敌人。父亲意识到有落入包围的危险，策马狂奔，迅速调动被挤压在山垭里的部队抢占两边的山冈。但他没想到，就在这时，我就像个飞起来的包裹，从他的怀里被颠了出来，重重地落进路边的草丛里。接下来杀声四起，红军从山垭口夺路而行，谁也没想到，这时军团长的孩子掉进了草丛里。

我猜想，我落进草丛后的反应纯属条件反射，当那串熟悉的马蹄声消失之后，摔晕在草丛里的我蓦然醒来，感到周围冷冰冰的，不由得哭了起来。但我那天的哭声是那么微弱，那么有气无力。

山垭遭遇战后，父亲带领部队一口气奔袭了几十里。喘气的时候，他习惯性地伸出手去拔腰间的旱烟袋，像触电一般，他猝然发现身上少了什么。一声“糟糕”还未出口，身上的汗珠已滚滚流淌。当即他烟不抽、脚不歇，带上两个警卫员，快马加鞭，火速返回去寻找。

路过一片树林时，几个坐在树下歇息的伤病员看见军团长驰马过来，急忙站起来向他敬礼，父亲的马像风一样从他们的面前刮过去。因为这时候他的心里只有孩子，只有他认识丢失我的那个山垭。

跑着、跑着，父亲下意识勒住了缰绳，掉过马头回来问那几个伤病员：“你们看见我的孩子了吗？”伤病员们举起捡到的襁褓说：“军团长，是这个吗？”

原来，落在大部队后面的这几个伤病员，在经过刚打过仗的那个山垭口时，听见了孩子的哭声。他们在草丛中找到我后，见我裹着红军的衣服，认定我是红军的后代，于是抱上我继续赶路。

“是她！是她！”父亲从马上滚下来，如同抢夺一般把襁褓接过去，掀开一看，我哼哼唧唧的，饿得正吮着自己的手指呢。

父亲的眼睛红了，两滴浑浊的泪水夺眶而出。

76年过去，我至今对父亲和母亲深怀歉意。因为我生得那么不是时候，以致成了他们割舍不下的包袱。二万五千里长征，他们在纷至沓来的战事、饥饿、寒冷和死亡中，既要保住自己的生命，带领和跟随部队前进，又要保住我的生命，无论多么危险多么艰苦，都没有把我扔掉，或随便送个什么人家。而与我同时期生养的孩子，有的死在路上，有的被送给路过的老百姓，以后再也没有找回来。

说起来，最难的还是我母亲，她可不是粗手大脚的乡下女人，而是长沙名校兑泽中学毕业的进步学生，长得细皮嫩肉。但她选择了革命，选择了我父亲，也就选择了此后遍布荆棘的苦难人生。背着刚剪断脐带的我长征，她遭受的折磨和艰辛，起码是其他人的两三倍。她可是一个女人，一个在月子里以虚弱的身子长征的产妇啊！

刚出发时，我还能躺在马背上的摇篮里，让母亲拄一根竹竿走自己的路。但到了云南境内，山高路险，树杈横生，她怕划伤我娇嫩的皮肤，便用一个布袋子兜着我，将我挂在胸前。走那样的路，连骡马都会失足跌进深渊，她一个女同志胸前挂个四肢乱蹬的婴儿，需要付出多大的体力和毅力！

一次，我病得非常重，两三天都哭不出声来，大家认为我不能活了。中华人民共和国成立后担任农业部部长的陈希云叔叔看见我奄奄一息的样子，不知从哪儿寻来一块花布，交给母亲说：“女孩儿爱美呢，走的时候用这块花布包包吧。”母亲的心里一颤，藏起花布，用尽办法救我的命。她想，女儿可是贺龙的命根子，只要还有一口气，就要用自己的胸膛把她暖过来。即使死，也要让她死在自己的臂弯里。万幸的是，我真是命大，几天后又能哭了，大家悬着的心放了下来。

中华人民共和国成立之初，母亲回想起这段经历，在她后来亲手烧了的回忆录中，写下了一段让我什么时候想起来都会热泪盈眶的文字：

“……行军一天的战友们都睡着了。我手里缝着小衣服，眼睛望着背篓内的小捷生，见她闭着小眼睛不哭不闹的姿态，我的心就像被无数针扎似的剧痛。我暗自祝愿：儿啊！你在襁褓中就与父母一起长途征战，吃够了苦头，受够了磨难，只要你平安无事，渡过难关，妈妈就是受尽了艰辛，也是心甘情愿的！无论遇到什么样的危险，母女俩也要相依为命，永远患难与共。”

翻越连绵不断的雪山，没有人不筋疲力尽。由于天寒衣单，空气稀薄，腹里空空，一些熟悉的面孔走着走着便不见了。我最小的舅舅蹇先超只有 16 岁，稚气未脱，是跟着母亲和有孕在身的二姨蹇先佛一起长征的。因姐夫贺龙和萧克分别是军团长和副军团长，他原本能受到很好的照顾，但他执意要跟着战斗部队走，跟着他一路护送来的伤病员走，最后自己被冻僵在雪山上，再也没有起来。

从湘西启程到跌跌爬爬翻过雪山，红二方面军在路上足足走了 7 个月。像我这个走时还未满月的孩子，被父母和许多叔叔阿姨背着、抱着，被马背上的摇篮没白没黑地颠着，也终于像金蝉蜕壳那样蜕去了每天都要反复捆扎的襁褓，开始自己坐立、爬行和牙牙学语。

接着，一望无垠的草地扑面而来。在这里，到处都是腐烂的草、浑浊的水，冒着水泡的沼泽地深不可测。因长期浸泡着各种动物的腐尸，酱紫色的水面漂着一块块铁锈，脚泡在水里或被杂草划破，马上就出现浮肿和溃烂。队伍再难以成建制前进了，只能各自择路而行，水一脚泥一脚的。许多人走起来，像纸那样在寒风中飘。

从阿坝到包座，连续几天走水草地，行进极为缓慢，走一步，滑一步，官兵们此起彼伏地摔跤。马蹄声也变得绵软起来，仿佛钟表的发条松弛了，走得慢吞吞的，随时可能停下来。

我一生中无法说清的饥饿，就是在草地上经历的。母亲后来告诉我，那时我饿得只会哭，像头小野兽那样哭，像谁要杀我似的那样哭，怎么也哄不住。哭着哭着，抓住她的手吃手，抓住自己的衣角吃衣角。但饥饿是共同的，没有指挥员和普通士兵之分，也没有大人和孩子之分。我是整个方面军带着过草地的 4 个孩子之一，又是贺龙的女儿，听见我天天哭号不止，许多叔叔阿姨要分我一点口粮，母亲坚决不收。她说："现在粮食就是命，不能舍了别人的命，救自己孩子的命。"

有一回，父亲亲自动手给我做吃的，可他的粮袋空了，他就拿一只搪瓷缸，倒提着袋子往下抖，又团在手里反复地揉，把粘在粮袋上的粉尘和钻进针脚里的颗粒都搜出来，才勉强把搪瓷缸里的清水弄浑。接着放到火上去煮、去熬，直到熬出一层薄薄的糊糊，然后用手指勾起糊糊，一点点往我的嘴里刮。我吃得津津有味，有几次叼着他的手 指，狼吞虎咽地往喉咙里送。

到达陕北保安后，中央财政部部长林伯渠赶来看母亲，不明白母亲为什么老抱着我，问孩子多大了，母亲说一周岁了。林老说："一 周岁了还要抱?"母亲说："孩子长征跟过来，营养不良，小腿是软的，站不起来。"林老当场就流泪了，让随员立刻送一条羊腿来。有了这条羊腿，母亲每天用小刀削一块，拿长征时用过的那只搪瓷缸放在火盆上煨熟炖烂，再加上一片馒头或一小碗米饭，喂给我吃。吃完这条羊腿，我挣脱母亲的怀抱，颤颤巍巍，在大地上迈出了第一步。

啊，长征一年，在这条充满险恶也充满希望的道路上，我花蕾初绽的生命能够活下来，就是一个奇迹!

（摘自《读者》2012 年第 24 期）

# 不要轻看那一点点努力

商　旸

1938年4月29日，武汉保卫战中最为激烈的空战打响。时年22岁的中国飞行员陈怀民，在弹药耗尽之后，驾机向日本战机迎头撞去，与敌同归于尽。大江之上，霎时火光四射，仰天观看空战的武汉民众在那个瞬间不禁泪飞如雨。

这不是年轻而弱小的中国空军第一次与强悍的侵略者以命相搏。在淞沪会战中，中国飞行员沈崇诲和陈锡纯，让自己的飞机笔直地俯冲而下，直接撞向了日军战舰“出云”号的甲板。

与此同时，在白山黑水间的东北抗日战场，东北抗日联军拼尽全力抵御外敌，明知敌强我弱也要断然亮剑。孤身血战的杨靖宇将军，面对上百日伪军，在生命最后一息仍将枪口顽强地对准敌寇。

与整个战局相比，他们的救国努力是那样微弱，犹如萤火虫，拼尽生命最后一丝光，希望照亮乌云麋集下的大地。在当时一部分人看来，这些青年军人的抗争渺小而无谓，就像孱弱之中国，在强敌面前战则必败，任何抵抗均属徒劳。

这一点点的努力，真的救不了中国吗？

听听毛泽东的回答吧。在《论持久战》中，他一针见血地指出，“为争取时间和准备反攻而流血战斗，某些土地虽仍不免于放弃，时间却争取了，给敌以歼灭和给敌以消耗的目的却达到了，自己的战斗经验却取得了，没有起来的人民却起来了，国际地位却增长了。这种血是白流的吗？一点也不是白流的”，断然否定了任何轻视抗战价值、亵渎自我牺牲的论调，给予了每一个烈士那“一点点努力”最大的尊重。

功成不必在我，而功力必不唐捐。抗战硝烟已散去了整整70年，回首往昔，今日之青年更应该铭记彼时年轻的英烈们，在国家危亡的危急关头，用单薄的生命做出的“一点点努力”。这努力，代表着对未来抱定的“一点信心”。

国家的救亡图存、复兴昌盛，需要极大的耐心和毅力，积小流而成江海；个人的生存发展、前途命运，更需要凝心静气，锤炼韧劲，持续奋斗，积跬步而致千里。现在，某些人幻想着在成功的门前一蹴而就，对点滴积累不屑一顾；还有人轻易在困难面前悲观失望，颓然丧失努力奋斗的勇气，这些想法只能推远自己与成功的距离。不要轻看任何微小的努力，无论是自己的还是他人的，这样只能给懈怠找理由，为放弃做辩解。

这个世界上不会有骤然而成的胜利，也不会有轻易渡过的难关。点点滴滴的努力，日复一日的坚持，才能靠近梦想的彼岸。在这个过程中，既积累着经验、丰富着知识，又坚强着精神，更新着能力。所谓艺多不压身，有了真本事，才能在机遇降临时厚积薄发，获得成功的可能。人生没有一点努力是会白白丢失的，在我们看不见想不到的时候，在我们看不见想不到的方向，你瞧！你种下的种子早已生根发叶开花结果了！

（摘自《人民日报》2015年8月11日）

# 一个中国仆人的深沉愿望

看　道

19 世纪，清政府遭受重创，国际声誉跌入低谷，而这时急需劳动力的美国，将目光瞄准了中国。很多不明就里的中国人，被坑蒙拐骗地贩卖到美国，外国人将这群华工统称为“猪仔”。

由于中国国际地位低下，国人在海外生活极其悲惨。华工们做着最苦最累的活，拿着最微薄的工资。更糟糕的是，他们生活在充满歧视和虐待的环境中。

## 一

贺拉斯·W.卡本蒂埃，1824 年生于美国，毕业于名校哥伦比亚大学。1849 年美国加州发现金矿，卡本蒂埃趁机赚得第一桶金。而后他在荒原创建了一座城市，也就是现在的奥克兰，并封自己为市长，又因为他曾在加利福尼亚州国民警卫队服务过，所以他喜欢大家叫他将军。

卡本蒂埃的事业蒸蒸日上，华工的生活却苦不堪言。为了拓展自己的事业，卡本蒂埃决定去市场上雇用一批华工。他来到市场，发现有一个人和其他人明显不同。卡本蒂埃对他充满好奇心，便雇了他。

100 多年之后的 2007 年，美国哥伦比亚大学调动所有关系,发出一则不同寻常的寻人启事，他们想找的人，就是卡本蒂埃将军觉得很特殊的那个华工。

这中间到底发生了什么？为何一夜之间全世界都在找这个身份低微的华工，为何他能在外国拨动无数人的心弦，在中国却鲜有人知。

## 二

这个华工名叫丁龙，1857 年出生，18 岁便被拐卖至美国，是最早赴美的华工。他的独特之处在于，他不仅谈吐举止大方得体，还常常引经据典，这引起卡本蒂埃极大的兴趣。

卡本蒂埃曾询问丁龙：“你说的这些话引自哪里?”丁龙回答道：“此乃孔圣人的教诲。”卡本蒂埃听后淡然一笑，没想到这华工还懂点知识。之后，卡本蒂埃就有意安排些工作给丁龙，而丁龙也打理得相当妥帖。没过多久，丁龙成为卡本蒂埃的贴身佣人，专门负责他的日常起居。

## 三

在商业上，卡本蒂埃无往不利；在生活上，他脾气暴躁，仆人们被他换了一批又一批。而且就因为这暴脾气，他终生未娶。

有一天，他心情不好，喝多了酒，就开始破口大骂，对仆人大打出手，然后莫名其妙地解雇所有人，这其中也包括丁龙。但当他酒醒之后，看着空荡荡的房间又分外后悔，觉得自己的做法太过分。

就在这时，丁龙端着早餐出现在他面前。看着温热的咖啡，还有摆放好的雪茄，卡本蒂埃非常不解地望向丁龙。丁龙居然一如既往地打理着家务。从他的脸上丝毫看不出之前发生过什么，他也没有半点不悦。卡本蒂埃疑惑地问道："你为什么没有走?"

丁龙回答道："我们中国的先哲孔夫子曾经说过，做人要仁慈、宽厚。我知道你不是恶人，只是脾气暴躁。我理解你。而且受人之托，忠人之事，我不能随便离你而去。"

听了丁龙的回答，卡本蒂埃有点震惊。他没想到，一个身份低微的仆人，竟有如此宽广的胸怀和强烈的责任感。

然而，卡本蒂埃的暴脾气并没有因为一两次感动就收敛。有一次，他又开始乱发脾气，还将丁龙赶走。然而，没过多久，就真的摊上大事了。他家突然着火，本已被赶走的丁龙闻讯赶来帮忙。卡本蒂埃又一次惊异道："你怎么来了?"丁龙说："听说你家着火了，我是来帮你的。我们中国人讲究忠恕之道，以德报怨，我想我应该来。"

卡本蒂埃更惊奇地说："我没想到你读了那么多书，还懂得中国的圣人之道。"丁龙说："我不识字，没读过书，是我父亲讲给我的。我家世代都是种田的庄稼汉。"

从此，他们的关系发生了变化：他们不再是主仆，而成了师友。从这些事上，卡本蒂埃看到了丁龙的品质，也改变了对中国人的看法。

1900 年，卡本蒂埃将丁龙邀至游轮上，并希望与丁龙同住一个豪华包间。然而，在那个排华相当严重的年代，卡本蒂埃这一举动引来众多乘客抗议，"怎么可以让一个中国下人住包间？他只配睡在下等舱!"

正当丁龙左右为难的时候，卡本蒂埃严肃地说："丁龙是中国著名的哲学家，我才是这位中国人的秘书!"

而后，所有的乘客都闭了嘴，甚至带着极大的敬意去接待丁龙。

## 四

丁龙终生未娶，勤俭有加，到了晚年，他已经有了一笔可观的存款。他在向卡本蒂埃请辞的时候，为答谢近 30 年不离不弃的丁龙，卡本蒂埃说，他愿倾其所能，了其夙愿。

丁龙谢绝了，但卡本蒂埃执意坚持。然而，这位卑微华工的愿望再次出乎卡本蒂埃的意料。他不是要一笔丰厚的养老金，也不是要一个响亮的名声，而是想把自己毕生的积蓄全部捐出去。丁龙说，我一生攒下了 1.2 万美元，我希望捐赠给一所有名的美国大学，请这所大学建立一个汉学系，用以研究和弘扬中国优秀而深厚的文化。

然而，憨厚的丁龙又怎知，他的这些积蓄对建立一个大学科系来说，仅仅是九牛一毛，更别说就凭他的身份，也不会有学校愿意接受这样的捐赠。但是，这一卑微而又伟大的梦想，却深深地触动了卡本蒂埃。为了实现丁龙的愿望，他东奔西走，极力游说，并将自己一生的积蓄也捐了出去，才勉强换来哥伦比亚大学校长的同意。

在一封致哥大校长的信中，卡本蒂埃这样写道："这笔钱是 50 多年来，我从喝威士忌和抽烟的账单里一点一点省出来的。我以诚悦之心献给您，筹建一个中国语言、文学、宗教和法律的系；并愿您以'丁龙汉学讲座教授'为之命名。这个捐赠是无条件的，唯一的条件是不必提及我的名字。但是我要保留今后追加赠款的权利。"

接着，丁龙也捐献了自己毕生的积蓄，并在纸条上写道："先生，我在此寄上 1.2 万美元的支票，作为对贵校汉学研究的资助——丁龙，一个中国人。"

但是，哥伦比亚大学面对"丁龙"又有些疑虑，他们向卡本蒂埃询问，能否换一个名称，比如一些有名的中国人，像李鸿章，可以命名为李鸿章汉学讲座教授。卡本蒂埃不厌其烦地向哥大方面解释道："丁龙的身份没有任何问题。他不是一个神话，而是真人真事。而且我可以这样说，在我有幸遇到的出身寒微却生性高贵的绅士中，如果真有那种天性善良、从不伤害别人的人，他就是一个。他是一个罕有的、表里一致、中庸有度、虑事周全、勇敢仁慈的人，他谨慎沉稳、克勤克俭。在天性和后天教育上，他是孔夫子的信徒；在行为上，他像一个清教徒；在信仰上，他是一个佛教徒；但在性格上，他则像一个基督徒。”

在解释依然行不通时，卡本蒂埃只好表示，如果更换名称，自己只能撤资，哥大只好作罢。此后，这件事还是引起舆论关注，并掀起了一片反对的浪潮。最终，卡本蒂埃和丁龙顶住了压力，哥伦比亚大学的汉学研究自此起步。

消息传至中国后，慈禧太后立马捐赠了5000余册图书，价值7000美元。李鸿章和清朝驻美使臣伍廷芳等人也都有所捐赠。

1901年，哥伦比亚大学汉学系终于建成，这也是美国的首个汉学系。在筹建过程中，卡本蒂埃一直在追加款项，到最后，他总计捐款50万美元。

1903年，哥大为建法学院大楼，曾向卡本蒂埃索捐40万美元，从不拒绝哥大要求的他，第一次拒绝了，因为能够打动他的，只有汉学系。

## 五

为了完成丁龙的愿望，卡本蒂埃倾其所有，把自己在纽约的房子卖了，搬回乡村。

即便他回到老家，还特意修了一条路，叫“丁龙路”，而且沿用至今。

那么，后来丁龙本人呢？据说，自1906年他买了一张船票从美国返回中国后，便消失了。没有人知道他在哪里，干了什么，甚至连他的中文名字是“丁龙”“田龙”还是“丁天龙”，人们都不清楚，只知道有一个叫DeanLung的卑微华工，做了一件非常了不起的事情。

时至今日，“丁龙汉学讲座教授”依然是全球汉学研究领域的最高荣誉。而这一切均来自这位中国仆人的深沉愿望。

（摘自《读者》2017年第18期）

# 有钱的出钱

介子平

从 1894 年孙中山在檀香山创立兴中会到 1911 年辛亥革命爆发，历时 17 年，革命党人先后共发动 10 次武装起义，所耗资金 62 万余港元，多由华侨资助。据辛亥革命后的统计，海外华侨共为革命捐款 394.281 万元。中华民国时，南京临时政府财政困难，各地华侨节衣缩食，捐款达 600 万元。

开始时，革命经费主要来自檀香山。孙中山的大哥孙眉即贱卖家产以充军饷，共筹得 1.3 万元港币作为广州起义军费。之后，随着革命影响的扩大，南洋地区成为款项的主要来源地。这些捐款者中有富商，但多为中下层人士。捐款并未因起义的屡战屡败而稍有减少。之所以如此，一方面在于孙先生的个人魅力，另一方面在于华侨自身的觉悟。他们身居海外，接受了民主思想，目睹了祖国的落后，适得孙先生这样坚定的革命家，于是纷纷慷慨解囊。华侨捐款义举，实为革命后盾。

1905 年 11 月，孙中山前往欧洲筹措革命活动经费，与同乘一船的商人张静江巧遇。张静江与孙中山一见如故，当他得知孙中山这次是为筹措革命活动经费而前往欧洲时，便慷慨道：“久闻先生大名，余亦深信非革命不能救中国。近数年在法国经商，获资数万，甚欲为君之助，君如有需，请随时电知。余当悉力以应。”

抵达法国港口城市马赛后，张静江与孙中山惜别，并告之自己在法国的地址，约定了日后互通电报进行联络的暗号。他对孙中山说：“今后活动经费有困难可直接发电报给我，并在电报中确定 ABCDE 英文字母为数码：A 为 1 万法郎，B 为 2 万法郎，C 为 3 万法郎，D 为 4 万法郎，E 为 5 万法郎。我接到你的电报后，就会立即将款子给你汇去。”同时，张静江还递给孙中山一封信，信中夹有一张他亲笔签名的 3 万元取款单，让孙中山凭信和取款单到美国后去纽约市第五街 566 号他所开办的通运公司找经理姚叔兰，领取他资助革命的 3 万元经费。孙中山最初心中将信将疑，到美国后便把信和取款单交给黄兴，让他取钱，以探真假。姚叔兰见信和取款单后，便将 3 万元分文不少地付给了黄兴。辛亥前后，每当孙中山开展革命起义活动经费不足时，便会发电报给张静江请求汇款。张每次接到电报后总是有求必应，按时如数将款寄到。其间有一次由于公司资金周转困难，经费难以筹措时，张静江毅然将他所属的一个茶店卖掉，以资助孙中山的革命活动。1908 年 3 月，孙中山为筹集云南、广东革命起义所需款项，先后以“A”和“E”致电张静江，张均将钱如数汇到。事后，孙中山命胡汉民写信致谢，并详述起义经过，张静江竟复书曰：“余深信君必能实行革命，故愿尽力助君成此大业。君我既成同志，彼此默契，实无报告事实之必要。”

南京临时政府成立后，财政经济形势十分严峻，日常开支难以维持，张静江则带头以商人名义捐赠巨款。后来他一直在国民党内担任职务，多少有些吕不韦投资政治的意味，对此，孙中山曾解释道：“张原属富豪出身，党内财务，唯张所为。”

爱国非教育而来，乃朴实而出；捐款非强压所迫，亦自愿而为。其间，孙先生的宣传鼓吹如点燃导索、拨亮明灯之举，所到之处，金石为开，此即领袖魅力之所在。此等魅力，不在城府，亦在朴实；不在多虑，却在真挚。1916 年，中华革命军在山东发动反袁起义。之前，吴大洲、薄子明到东京向孙中山报告："山东组织起义，现在已有两三千人有把握，只要给我们一笔经费，马上就可发动。"孙问："要多少钱呢?"吴说："至少千元。"孙说："好吧，昨天南洋华侨才汇来 1200 元，你们就拿 1000 元去吧。"过了两天有人向孙说："吴大洲等人说的话靠不住，他们将钱拿到手在外面乱花，而我们在此生活都很困难。先生为什么轻易信他们的话、受他们的骗呢?"孙说："革命不怕受骗，也不怕失败。哪怕 100 件革命事业有 99 件失败，而只有一件成功，革命就可胜利。"

不光是有钱的出钱，有钱的也出力。1895 年，兴中会发动广州起义，檀香山一些华侨随孙中山回国参加战斗，邓荫南等将自己的商店农场全部变卖，回国参加武装起义，有人为此还献出了宝贵的生命。1907 年 3 月，孙中山前往新加坡，领导兴中会发动第二次武装起义。随后，委派新加坡华侨许雪秋、邓子瑜分别指挥潮州起义和惠州七女湖起义。1911 年，广州起义中牺牲的 86 名先烈中就有 31 名是华侨。

古来商人重利轻义，但这要看在什么时候，国难当头之时，不乏毁家纾难、义功缨冠之人。1938 年秋，武汉失守，大量后撤重庆的人员和迁川工厂物资近 10 万吨，滞留宜昌无法运走，不断遭到日机轰炸。卢作孚集中民生公司的全部船只和大部分业务人员，分段运输，昼夜抢运，上有日机轰炸，下有三峡急流险滩，经过 40 天的抢运，终于在宜昌失陷前，将全部滞留的人员和物资抢运入川。在整个抗战期间，民生公司共抢运了人员 150 余万人、物资百万余吨，遭日机炸毁船只 16 艘，牺牲员工百余人。民生义举，解民倒悬，缓急燃眉，有弦高退师之功。

（摘自《读者》2016 年第 15 期）

# 飘峰山上的红霞

王剑冰

## 一

我仔细地盯着板仓杨开慧旧居墙上的那个缝隙——杨开慧的手稿就是在这个缝隙中被发现的。只是发现得太晚了。1982 年被整修这座房子的工人发现时，手稿有 12 页之多。还有一些手稿在另一处的挑梁下被发现，那时已到了 1990 年。假如发现得早一些，也许毛泽东还能看到，那或许是杨开慧将它们塞入墙缝时的一种心愿。

看着那娟秀的字迹，会让人渐渐地看到一个女人温软的内心，以及那彻夜滴落的泪水。那种深深的痛和深深的爱交织在一起，构成了这一行行触目惊心的文字。这文字多少年都没有逝去，坚毅地表明一个女人、一个爱人、一个母亲的意愿。它丝毫没有折损杨开慧的形象，反而让人感觉到一个更真实、更可爱、更可敬的杨开慧。

杨开慧有一个乳名，叫霞姑，那是因为她出生时附近的飘峰山上出现了一道红霞。霞姑这名字实在是好。

介绍杨开慧的文字中有这样一句："她幼小时候孱弱病怏，且性情自孤，又胆小。"这么一个病弱胆小的女子，如何跟随毛泽东走南闯北，同甘共苦，又如何在大革命失败后紧护着三个儿子东躲西藏，而终落入敌掌？在解说词中，有一句"不畏敌人的严刑拷打"，"严刑拷打"四个字让我们能够想象出她经受了怎样的酷烈刑罚。

"我深爱父亲，我尊敬我的母亲。"开慧的父亲杨昌济病逝得早。1919 年 12 月，父亲在北京住院期间，杨开慧一直陪伴在父亲身旁，为父亲喂药，念书读报。是父亲把许多知识和进步思想传授给了她，也是由于父亲，杨开慧认识了毛泽东。而母亲给了杨开慧更多的关爱和照顾。当杨开慧和毛泽东在长沙的清水塘生下岸英和岸青时，母亲就离开家乡，住在他们隔壁同他们一起生活。毛泽东到上海工作时，母亲又随杨开慧去照料岸英和岸青。毛泽东去广州后，1925 年的冬天，母亲又同杨开慧一起带着孩子到了广东。

母亲同样给杨开慧的人生以深远的影响。还是在辛亥革命前夕，年过 40 的母亲不怕"妇女上学有伤风化"的闲言碎语，带着年幼的开慧进入离家 20 多里的女校求学。杨开慧牺牲后，母亲坚强地把她的孩子照料长大。母亲坚强地面对了失去不止她一个亲人的悲痛，活到 1962 年离世。

## 二

杨开慧就是在这样的影响下一点点开慧起来的。我看到杨开慧 12 岁时写给女友的诗："高谊薄云霞，温和德行嘉；所贻娇丽菊，今尚独开花。"

走进板仓杨开慧的旧居，偌大的院子和众多的房屋，能够感觉到这是一个还算富足的家庭。父亲在外工作，也置办有房产家业，开慧的生活应该是无忧无虑的，离饥寒交迫四个字很远。她的手稿中却有这样一句话："我同情下层生活的同胞，我嫉恨那些穿华服只顾自己快活的人。我热天和下层生活的人一样，穿大布衣。”杨开慧的同学许文萱在1967年写下的回忆录中说：“开慧生活很艰苦，穿得很朴素，一般都是粗布衣服。”一个玻璃展柜中，有杨开慧穿过的一件粗布衣服，领口已经磨损。我的目光停驻在“原物”二字上。

## 三

远在1913年春天，迎春花开的时候，杨开慧随父亲迁居长沙。就是在妙高峰下自己的家里，12岁的她第一次见到了在湖南省立第一师范求学的毛泽东。毛泽东喜欢爬山，洗冷水澡，以锻炼体魄。杨开慧喜欢毛泽东和蔡和森这些进步青年的思想和行为，她也跟随他们参加过这些锻炼。杨开慧的手稿里有这样的话：“要救国，就要锻炼强健的身体……我到了北京，那时是16岁的光景，我清早起来洗冷水澡，行体操。”

1918年，毛泽东去了北京，北大的伦理学教授杨昌济帮他在北大图书馆找到了一份工作。他自然要去拜会老师，自然又见到了杨开慧。这个时候的杨开慧已出落成一个秀雅美丽的少女。毛泽东爱上了她。

杨开慧1926年6月20日的手稿上这样写着：“自从听到他的许多事，看见了他的许多文章，我就爱上了他……我虽然爱他，我却绝不表示。”墙壁上有一首毛泽东赠予杨开慧的情诗：“堆来枕上愁何状，江海翻波浪。夜长天色总难明，寂寞披衣起坐数寒星。晓来百念都灰烬，剩有离人影。一钩残月向西流，对此不抛眼泪也无由。”杨开慧的手稿中写道：“我认定爱的权柄操在自然的手里，我绝不妄去希求。一直到他有许多的信给我，表示他的爱意，我还不敢相信我有这样的幸运。自从我完全了解了他对我的真意，从此我有一个心意是，我觉得我为母亲而生之外，是为他而生的。我想象着假如有一天他死去了，我母亲也不在了，我一定要跟着他去死。假如他被人捉着去杀，我一定要同他去共这一个运命!”

在长沙的清水塘有杨开慧和毛泽东居住时间最长的寓所。杨开慧克服怀有身孕和照顾幼子的各种困难，生活上给予毛泽东无微不至的关怀，工作上同样给予竭尽全力的支持。寒冷的冬天，杨开慧常常用一只烘笼为毛泽东取暖，陪伴毛泽东撰写文章。

在旧居和纪念馆里，解说员都表明了一个遗憾：有毛泽东和家人的照片，有杨开慧和家人与孩子的照片，却没有一张毛泽东和杨开慧的合影。

1927 年毛泽东深入湘潭等五个县作农民运动考察，这个时候杨开慧又有了身孕。为了支持毛泽东，她不顾惜自己的身体，夜以继日地帮助整理农民运动的考察资料。这个考察报告后来被印成了小册子。

## 四

1927 年大革命失败之后，杨开慧陪同心情苍凉的毛泽东登上了黄鹤楼。面对滚滚东逝的长江水，毛泽东心潮起伏，回去后写下了《菩萨蛮·黄鹤楼》：“茫茫九派流中国，沉沉一线穿南北。烟雨莽苍苍，龟蛇锁大江。黄鹤知何去？剩有游人处。把酒酹滔滔，心潮逐浪高！”也就是在那年，毛泽东与杨开慧分别，开始了艰苦卓绝的革命斗争。先是秋收起义，而后上井冈山。

杨开慧长时间得不到毛泽东的消息，曾经在 1928 年 10 月，写下了一首《偶感》，以寄托自己对毛泽东深深的思念之情：“天阴起朔风，浓寒入肌骨。念兹远行人，平波突起伏。足疾已否痊？寒衣是否备？……心怀长郁郁，何日复重逢。”

我还看见杨开慧的手稿里这样写道：“今天是他的生日，我格外不能忘记他。我暗中行事，使家人买了一点菜，晚上又下了几碗面。妈妈也记着这个日子。”“听说他病了，并且是积劳的缘故。这真不是一个小问题，没有我在旁边，他不会注意的。”

由此可以想见，杨开慧的手稿是蘸着浓重的感情和思念一点点写下的。不知道她为什么要写下这些——是想有一天寄给毛泽东，还是想着万一自己遭遇了什么变故，这些回忆便可作为自己心灵轨迹的一份见证？

杨开慧在 1929 年 3 月给他的堂弟杨开明的信中曾这样说：“我好像已经看到

了死神——唉！它那冷酷严肃的面孔。说到死，本来，我并不惧怕！——只是我的母亲和我的小孩啊！我有点可怜他们！而且这个情绪缠绕得我非常厉害——我决定把他们——小孩们托付你们……必须得你们各方面的爱护，方能在春天里自然地生长，而不致受那狂风骤雨的侵袭！”从这封信里可以看出杨开慧不安的心绪，她似乎已经感觉到危险的来临，甚至死神的迫近。而这个时候她所想的不是自己，而是她的亲人——母亲和孩子，尤其是孩子们。这些孩子着实拖累了她。三个孩子太小了，一个一个地绊住了她的手脚，成了她的心病。这也许是杨开慧不能随毛泽东一同前行，不能去找毛泽东的缘由。

在她被捕入狱之前写的手稿里，我看到了这样一段话：“又是一晚没有入睡，我不能忍了，我要跑到他那里去。小孩，可怜的小孩，又把我拖住了。我的心挑了一个重担，一头是他，一头是小孩，谁都解不开。”“只要他是好好的，属我不属我倒在其次，天保佑他罢。”

这时的杨开慧，实在是焦虑万分，可以说她思念毛泽东到了极点，她真的想要风雨兼程，去寻那个她最爱的人。她曾经陪伴了他七年时光，她依然可以再陪伴他无数个七年。然而，正是由于这些孩子，她和毛泽东远隔千山万水，终不得相见。1930 年 10 月，躲藏在家中的杨开慧不幸被捕，受尽折磨，不到一个月后，29 岁的她在长沙浏阳门外的十字岭就义。就义时她留下了“死不足惜。我死后希望家里人不做俗人之举，只愿润之革命早日成功”的遗言。

## 五

杨开慧的手稿是用两种纸写成的，其中一种尤为普通。杨开慧的好友李淑一回忆，当时杨开慧在板仓的生活十分艰苦，连写信的纸都没有了。

杨开慧并不是一直住在板仓自己的家里，她始终在躲藏，即使住在家里时也做好了应变的准备。她将秘密的文件藏入了一个带有喜字的青花瓷坛，埋入地下，直到 20 世纪 50 年代，才被当地的群众在挖菜地时发现。杨开慧的手稿也是包裹以后塞进了墙缝的。

1930 年 12 月，毛泽东在中央苏区惊闻杨开慧牺牲的噩耗，悲痛地写下：“开慧之死，百身莫赎。”而后，托人辗转给杨家带去了 30 块银圆。

1962 年，杨开慧的母亲去世，毛泽东在唁函中嘱咐：“葬仪可以与杨开慧——我亲爱的夫人同穴。”再一次表达了对杨开慧的深切怀念。“我失骄杨君失柳”，“女子为革命而丧其元，焉得不骄?”

杨开慧就义那天是 1930 年 11 月 14 日，家乡的群众冒着生命危险，将她的遗体连夜运回板仓，安葬在青松环绕的棉花坡上。

我透过老旧的窗棂望出去，窗外是粗粗壮壮高扬而上的翠竹，密密匝匝地生长在板仓的四周。

雨不知何时停了，一缕霞光从云缝中突泄而出，照在那些翠竹上，那翠竹便带有了一种红色的光影。

厚重的大门打开了，我对着那个门拍照，一个女子从门里走出来，站立在漫漫霞光中，恍惚间，我猛然听到了那个名字——霞姑。

（摘自《读者》2010 年第 24 期）

# 热血还在奔流

贺捷生

## 一

1929年的秋天还没有我，但我已经以两滴血的形式存在于世，一滴流淌在贺龙的身体里，一滴流淌在蹇先任的身体里。

两滴血渐渐靠近，一个影响深远的故事从此拉开序幕。

负责任地说，是贺龙，也就是我未来的父亲，积极主动，首先靠近蹇先任，也就是我未来的母亲。那时，父亲担任红四军军长，正带领他的部队在建始、巴东、鹤峰三县交界处艰难作战；母亲则作为湘鄂西苏区的第一位女红军，在父亲的部队担任文化教员。父亲一见到他的队伍里冒出的这个漂亮女兵，这个刚满20岁的白净姑娘，眼睛一亮，心里就有些控制不住自己了。没过几天，他对这个女兵，也就是我的母亲蹇先任说："蹇先生，和我结婚吧。"

就因为母亲的出现，原本以粗鲁和霸道著称的父亲，忽然生硬地变得拘谨和文雅起来。他亲切而又谦逊地称我母亲“蹇先生”。

父亲提出和母亲结婚的理由，说起来也是那么好笑，那么牵强附会和欲盖弥彰。父亲说：“蹇先生，我贺龙是个粗人，在旧军队混的时间长了，养成了许多坏习气，必须有个人来管我。因此，我给上海的党中央报告了，这个能管住我的人现在终于找到了，那就是你。”

母亲冷静地望着父亲，温文尔雅地说：“是吗？贺军长想和我结婚？这可是件大事，但我自己说了不算，得去问问我父亲，看他同不同意。”

“好嘛，好嘛。”说到结婚必须先过我外公这一关，父亲那颗多少有些顾忌的心不知不觉又膨胀起来。他说：“那没问题，蹇先生要我去求你父亲蹇老先生，过几天我就去把慈利县城打下来。”

当然，母亲在省城读过书，见过世面，又接受了新思想，还是党的人，红军队伍里的人，她还不至于不敢为自己的婚姻做主。但她在情感上却是个非常传统的人，她觉得自己可以把信仰和生命交给党，交给这支军队，但自己的女儿身是外公给的，在把自己交出去之前，必须由外公点头。从另一个角度说，外公在生意场上阅人无数，看得出谁忠谁奸。因此在嫁人的问题上，母亲绝对相信他的眼力。

外公蹇承宴在母亲心里，和当军长的父亲一样，是个很高大也很有力量的人。他生在湖南安乡，8 岁时因村里发大水，一家人只活下来他和上了年纪的奶奶。之后，奶奶带着他背井离乡，外出逃荒，几经漂泊才流落到慈利县杉木桥，借住在一户穷人家里。现在一个 8 岁的孩子懂得什么呢？但 8 岁的外公在那时却已经懂得必须与奶奶相依为命，必须在当地人面前谨慎做人，别让人瞧不起；还懂得一个男人应该自强不息，既要能赚钱赡养奶奶，还要以自己的能力成家立业，活得像个人样。渐渐地，他无师自通地学会了做豆腐，有了一门养家糊口的手艺。30 岁那年，奶奶不在了，他与一个叫黄世菊的女子成家，真正在异乡站住了脚。有一年，听说慈利城里的豆腐生意好做，小两口一合计，挑上担子便进城去了。在后来的日子里，夫妻俩在县城一边做豆腐，一边生儿育女。最了不起的，是他除了把大姨蹇先钰留在了身边做帮手外，让其他的儿女都上了学，其中母亲蹇先任和大舅蹇先为，还被送到长沙兑泽中学读书。

母亲正是在长沙读书的时候受到大舅蹇先为的影响，开始从事地下斗争的。大舅当时虽然还是个少年，但已经相当成熟了，甚至有过出生入死的经历。1927年长沙发生“马日事变”，党组织面临瘫痪，又因缺少经费而难以为继。适逢外公的生意做得有些规模了，在街上开了两个作坊和两家铺子，大舅便以帮助外公经商为名，趁外公和外婆不注意，从钱柜悄悄拿出钱去资助党组织。有一次，他整整提走了100块大洋，被外公发现了，严厉追问他钱的去处。大舅却不躲闪，而且几句话就打消了外公的顾虑。大舅说：“你从小看着自己的儿子长大，难道会相信我拿出钱去做坏事?”又说：“你老人家不是天天反对苛捐杂税、盘剥压榨吗？我们就是要和那些人过不去。”

要说我外公还真是有胆有识，听完大舅的这几句话，他什么也不问了，只是默默地盯着他，然后拍拍他瘦弱的肩膀说：“先为啊，你做的事既然于国有益，那就大胆去做吧，爹不拦你。但是你应该知道，做这种事是要掉脑袋的，应该处处小心，步步小心。”

这就是母亲信任外公的原因。他尽管只是个小县城里的小商人，但眼里有爱憎，胸中有家国，这在当年是非常难得的。还有，他虽然像所有的父母那样疼爱自己的子女，却不愿把他们护在自己的羽翼下，只要他们走正途，甚至不怕他们有个三长两短。正因为这样，在那个险恶的年代，当大舅带着母亲去参加红军时，他从心里为他们感到高兴。要知道在那时当红军家属，是要招来杀身之祸的。

听说贺龙要娶自己的二女儿，外公的反应大大地出人意料。他不是害怕，不是断然回绝，更没有那种受宠若惊的样子，而是满地打滚，号啕大哭。他边打滚边说：“完了完了，我家二姑娘这下完了，贺龙是要娶她当小啊，这让我这张老脸往哪搁?”然后说：“我家先任可是百里挑一的好姑娘，怎么能给人当小呢?”又说：“我把话说在前面，贺龙既然能娶她，总有一天也会休她，我家二姑娘苦哇……”

大概在外公满地打滚后的第二天或第三天，外公早上起来开店，刚卸下两三块门板，忽然听见一阵“咚咚”的脚步声。他茫然看过去，只见一个高大魁梧、用一顶大礼帽遮住大半张脸的人，正向他走来。来人的背后还跟着两三个同样高大的人，他们一只手提着衣角，另一只手插在宽大的马褂里。凭直觉，外公知道这些人都带着家伙。

外公有些紧张，但来人突然单腿跪在他脚下。

“你、你是谁?”外公大吃一惊。

来人把大礼帽往脑后一推，昂头抱拳说：“蹇老先生，你莫惊慌。我是桑植人贺云卿，也就是传说中的贺龙，在红四军当军长。这次来是求你开恩的，请你把你的二女儿先任嫁给我。”又说：“老人家，你尽管放心，我贺龙以性命担保，我看上你的宝贝女儿，绝不是让她做小，而是明媒正娶，让她协助我革命。”

贺龙的名字谁没有听过？他在湘西跺一下脚，山都会抖，树都会摇。但是，此刻他就跪在自已脚下，行此大礼，这让外公如何担当得起！正是在此刻，外公被父亲感动了，或者说吓蒙了，他连忙拉起我父亲说：“贺、贺军长，你的好意我心领了，有事进家里说。”

父亲和母亲结婚的第六年，即 1935 年的 11 月 1 日，我在父亲出生的桑植县洪家关呱呱坠地。母亲后来对我说，当时真想把我带回慈利去，让外公看一眼他的外孙女，让老人家也高兴高兴，可惜时间已经来不及了，因为队伍马上就要开拔了。

这段历史在军事史上有记载：1935 年 11 月 19 日，由贺龙、任弼时、关向应和萧克率领的红二、六军团从湖南桑植县刘家坪出发，开始长征。

在这支浩浩荡荡的队伍中，也有我，当时出生才 18 天，正躺在马背上一只摇摇晃晃的摇篮里。

## 二

热风扑面，密集的飞虫像雨点般撞在脸上，赶也赶不走。天完全黑下来的时候，母亲从羊角山上的灌木丛里直起身子，拔起酸痛的腿，像个幽灵般走进澧水河北岸的慈利县城。在小巷的拐角处，她下意识地停了下来，探头朝自己家开的染布店看了一眼，而那一刻外公留给母亲的印象，从此像刀刻一样留在了她的记忆中。

外公坐在染布店门前的一把竹床上乘凉，手里“噼噼啪啪”地挥动着一把大蒲扇。他把黑色的对襟衫撩向两边，露出精瘦的身子，不时腾出手来拍打在腿脚上叮咬的蚊子。借助昏黄的煤油灯光，母亲感到她看清楚了外公胸脯上的一根根肋骨。外公老了、瘦了，不断发出“空空”的咳嗽声。母亲的泪水就在这个时候落了下来。她知道外公老成这个样子，不光是因为他要为这个十几口之家操劳，他还得天天为自己和先为舅舅担惊受怕。虽然母亲和先为舅舅去当红军时，外公表现得那么平静，那么豁达，但在朝不保夕的战争年代，环境那么残酷，战斗如此频繁，他这个做父亲的怎能不牵挂一对儿女的安危？要是外公知道担任湘鄂边红军第一纵队参谋长的先为舅舅此时已壮烈牺牲，知道他这个二女儿变成了今天这个样子，他又会作何感想呢？

母亲终没有走进近在咫尺的家，转身消失在黑暗中。

## 三

离开湘西苏区，踏上二万五千里漫漫长途，母亲一直为外公提心吊胆。女婿是贺龙和萧克，另有 4 个儿女参加红军，当国民党反动派卷土重来之时，他老人家该承受多少压榨和凌辱！因为红军前脚走，国民党军、日军、当地团防，还有各路土匪和黑势力，必将变本加厉地清算，可怜的外公这时只能像长在地里的韭菜，面临一次又一次刈割，刀每天都悬在头上。

对这样的处境，外公其实早有准备。他知道当他把两个女儿分别嫁给贺龙和萧克，把 4 个儿女先后送进红军队伍时，在明里和暗中，他肯定将成为各种反动势力的眼中钉、肉中刺。但他想，好汉做事好汉当，反正是豁出去了，无非是家破人亡、倾家荡产。在这个黑白不分的社会里，你反抗是一刀，不反抗也是一刀，何不活得壮烈一些？而他能做到的是尽量保护家人，把大事小事都扛在自己肩上。

红军刚开始长征，外公便关了豆腐坊和染布店，带着家里剩下的几个人离开了慈利。他甘愿再一次背井离乡，躲得远远的。

逃到津市高深站，外公意外地遇到了一个年轻时曾在一起做过伙计的人，那人感念旧情，腾出房子大度地收留了这一家人。但外公安顿下妻儿，又马不停蹄，一个人坐船赶往阔别多年的安乡老家。他希望在那片曾经被洪水浸泡过的土地上，能有几亩薄田收留他，让他了此残生。

就在这个时候，二姨蹇先佛从延安捎来口信，说她和二姨父萧克都要上前线打鬼子，希望把在长征路上出生的表弟萧堡生送回老家，请外公和外婆帮助照料。外公连想都不想，马上回话说："送来，送来！为什么不送来？抗日将士的儿子我这个当外公的不养，让谁养？"

后来便发生了那件让外公痛不欲生的事情：日本侵略军进攻慈利时，一发炮弹打过来，烧了慈利县城的半条街，外公的染布店也未能幸免。接着日军又发动了惨无人道的细菌战，被外公搂在怀里逃生的堡生表弟不幸染上了鼠疫菌毒，外公眼睁睁看着他死在途中。当时外公心里那个痛，那个仇恨啊，冲进战场和鬼子拼命的心都有。当然，想到那么多中国老百姓，那么多老人和孩子都死在日本人的铁蹄下，外公知道二姨和萧克将军是不会责怪他的，只会更加激发他们杀敌的决心。但毕竟这个在长征的苦难中活下来的孩子，就这样没有了，外公还是感到非常歉疚。因此，他马上给重庆八路军办事处写信，希望他们能把这个噩耗转告给正在前线打仗的二姨夫妇，同时勉励父亲、姨父和母亲两姐妹要"努力杀敌，不管家事，以国为家"。

在重庆八路军办事处主持工作的周恩来看到这封信，感慨万千，亲自给外公回了信，还给老人家寄去了 80 元生活费。外公收到周恩来的信和钱，有感于共产党人的博大情怀，给周恩来回信说："感谢您的关怀，现正值抗战时期，公家也有困难，我身体健康，可以谋生，请勿挂念。请转告我的女儿们，要安心杀敌。"

母亲在前线听到这件事，这才想到，原来外公早知道了大弟先为牺牲的消息，也知道和他们一道长征的二弟先超已冻死在雪山，心里不禁为外公的胸襟和胆识感到骄傲。

## 四

离开慈利 15 年后的那个冬天，当母亲在风雪弥漫的沈阳听到外公去世的消息时，她忽然感到此前的 15 年，过得是那么艰辛，那么紧张又急促，以至蓦然回首，那一个个在水深火热中走过来的日子，竟是一片苍茫，一片好像什么也没抓住的空白。冷静下来后，她才明白过来，原来塞满这 15 年的，是四年苏区斗争及长征、八年的抗战和三年解放战争，几乎每一天都行走在刀刃上。

列车长啸一声，驶离了沈阳。母亲坐在靠窗的位子上，泪水又不知不觉地流了下来。好不容易有个独处的机会，她把这一路都用来回忆外公。但她越回忆越伤心，越回忆越感到悲痛不已。因为自打 15 年前离开慈利后，她就再没有回去过，也再没有和外公见过面，怎么也想象不出外公在这 15 年里会老成什么样子。

几天后，出现在母亲眼里的那个家，那个临街的染布店，触目惊心，只剩几处残垣断壁；劫后余生的亲人拥挤在后院的几间昏暗低矮的屋子里。进了这个熟悉而又陌生的家，只觉空空如也，一看就知道经历了无数次的洗劫和扫荡，一副没落和破败的景象。

外公躺在停放在堂屋的棺木里，静静地等着她。

母亲一见那口漆黑的棺材，心里就感到有种东西坍塌了。她撕心裂肺地喊一声："爹爹啊，我回来了！"人就扑在棺木上，号啕大哭。

小舅蹇先辉是外公唯一剩下的给他送终的儿子，他泣不成声地告诉母亲，外公在生命的最后几年，虽然越来越孤独，越来越凄凉，但活得越来越坚强，越来越明白。

家里日渐衰落，帮手越来越少，外公为了一家人的生存，只得惨淡经营，艰难地维持着染布店里的生意。这时，他虽然已到了风烛残年，但还是在店里既当老板，又当伙计，什么活都亲力亲为。

1949 年 6 月 4 日那天，外公挑着沉重的布担去河里漂洗，走着走着便走不动了。当晚，他躺在床上对小舅说："先辉啊，我不行了，再也等不上你二姐和三姐回来了。我死后，不要急于入土，暂时用沙土葬在自己家中，等天亮了，你二姐三姐回来了，再把我埋进土里。"

小舅对母亲说："二姐，父亲这是心有不甘，死不瞑目啊！"因为当时慈利还没有解放，但已经听得见衡宝战役在远处响起的炮声了，所以他在弥留之际曾反复念叨说："天就要亮了，天就要亮了……"

外公去世 3 个月后，慈利宣告解放，天果然亮了。

（摘自《读者·校园版》2012 年第 21 期）

# 抗战生命线

刘小童

1945 年 8 月，就在日本宣布无条件投降前夕，在“驼峰航线”上奋战的中美两国将士组织了一次声势浩大的集体出航，为这场史无前例的空中大运输画上了完美的句号。为确保这条生命线的畅通，飞行勇士们在 3 年间付出了沉重代价，飞机损失率甚至远超欧洲战场；闪光的残骸散落在从印度北部到中国云南的崇山峻岭中，成为指引后来者前进的地标。

## 最后一次飞越“驼峰”

1945 年 8 月 1 日上午，离原子弹在广岛炸响还差几天，老天也如同有了预感，一扫往日的阴霾。滕纳钻进自己的 C−54 运输机，亲自坐到驾驶盘前。

在汀江、巴里江、达姆达姆、恰堡和叟奎莱廷机场（后 4 个均为备用机场，相距很近，对外统称“汀江机场”）上，500 多架各种型号的运输机排列在停机坪上，等待着最后的命令。

将军拿起送话器：

诸位，我可以负责任地说，日本人离上帝越来越近了，而我们则恰恰相反，即将远离这个连上帝都不来的该死地方。这意味着“驼峰”这条令人生畏的航线，今后只会出现在各位的梦中……在过去 3 年里，我们虽然失去了无数的伙伴、丢掉了无数架飞机，但是我们却做了一件几乎无人能做的事情，那就是我们曾无数次地飞越了“驼峰”！我们还活着！

今天，是我们最后一次穿越它。我们联队的飞机将全部起飞。我知道，每架飞机上的都是勇士，我现在命令你们，不仅要活着过去，而且还要活着回来！

上帝保佑，起飞！

500 多架飞机顿时马达轰鸣，螺旋桨的旋转如同万匹即将脱缰奔腾的骏马。转瞬间，一架架飞机在跑道上加速，腾空而起，最后直冲蓝天，飞向目的地——中国昆明。

有幸参与这次任务的徐承基老人回忆说：“昆明巫家坝机场平时就繁忙，平均每 74 秒钟就有一架飞机起降，那天更是破了纪录，间隔可能不到一分钟。我们刚一落地，速度还没减下来，塔台就喊：104 让开！马上脱离跑道，后面下来了！我们赶紧就得脱离，往滑行线上拐。本来速度就快，再加上急转，身子斜得快要被甩出去了。回头一看，好家伙，后面一架跟着一架，像用绳子连成串一样，更像一条线从空中飘曳到地面……”

24 小时内，每架飞机飞两个架次，500 多架飞机总共飞了近 1200 架次。

## 随军牧师客串装卸工

在巫家坝机场卸下最后一桶汽油，又往机舱中装满中国出口的茶叶，滕纳启动发动机。C-54 的 4 副螺旋桨一齐转动，将军踏上了回家的路。

天气如此之好，让滕纳心情非常愉快。加上 C-54 比一般飞机快得多，才两个多小时，飞机已接近汀江机场。眼见归途如此顺利，将军稍松了口气。

忽然，他看到忙乱的停机坪上有个黑色的影子跑来奔去——虽然尚未落地，但夹杂在制服间，牧师实在是太好认了。除了为阵亡者祷告，他在这儿还能干什么？将军有些后悔，后悔不该如此冲动，以至于都最后一天了，还是让弟兄们受到了损失。

正想着，C-54 落地了。舱门打开，只见牧师夹在一大群士兵中间，起身扛起一大袋茶叶——原来，起降的飞机实在太多了，运回来的物资已经远远超过了地面的装卸能力，以至于连随军牧师都临时客串起了装卸工。

## 损失率超过欧洲战场

回首当年，缅甸北部失守，陆上交通线断绝后，谁都没有想到，被称为“无法靠人力飞越”的“驼峰航线”，最后竟成了全中国抗战的生命线。

1942 年 7 月，整个中印联队一共向中国输送了 73 吨货物，而到 1945 年 7 月，这个数字变成了 71042 吨。从 73 到 71042，这是一个巨变，它所付出的代价就是——不计代价。

很多当年的亲历者都告诉我，在二战的欧洲战场，盟军对德国轰炸，战损率超过 5% 就是严重的问题，任务结束后，参谋部要做检讨，为什么会有这么大的损失。可“驼峰航线”则是完全不计成本的。明知有危险，明知上去可能回不来，还是要飞、要闯。不飞不行啊，前线的部队从地面到空中，谁都在打仗，谁都离不开枪弹、汽油。

至于靠《租借法案》划拨飞机的中国航空公司，其飞机数量一直远远少于美军直辖的中印联队，但在单位运输量上，他们却让美国同行不得不啧啧赞叹。

有一点是相同的——在“驼峰航线”上，中国航空公司同样付出了惨重的代价。从 1942 年首度飞越“驼峰”到 1945 年日本投降，在 3 年多的时间里，为了能把 4 万多吨军需物资像燕子衔泥般一点点运回国内，总共划拨了 100 多架飞机的“中航”，损失率竟然超过了 50%。有一段时期，后继机尚未补充到位时，机队几乎全军覆没。

## 残骸成了后来者的地标

究竟有多少飞机在飞越“驼峰”时坠毁，笔者始终无法确定具体数字。不过，1945 年的一期美国《时代周刊》对这条航线的描写，还是很生动地说明了问题：

在长达 800 余公里的深山峡谷、雪峰冰川间，一路上都散落着飞机碎片，在天气晴好的日子里，这些铝片会在阳光的照射下闪闪发光，这就是著名的“铝谷”——驼峰航线。

很多老人都说，只要天气好，完全可以以这些残骸做地标，飞完全程。

“驼峰航线”，是一条由白骨、铝片铺就的天路。

它本身就是一个奇迹。

（摘自《读者》2010 年第 17 期）

# 战地记者的绝笔家书

杨学功　翁宏业　王树宇

父亲大人：

今日（四月十七日），接到家中来信，心中稍得安慰，尤其久弟已至华大，惠妹准备至医科，田、兰二弟们在求学，这都是很好的，这都是他们将来走上正当前途的保证。

我在一九四三年七月，就在如西县夏令营受训两个月，同年九月仍回到家乡做秘密工作（即在省中高二三时），想家中也不会知道。一九四五年来到解放区以后，我一直在新华社工作，就是参加部队以后，也是做的报纸工作……

我党是有史以来的真正为人民服务的一个政党，是最公正无私的。他的革命目的是为了世界上人人有饭吃，人人有事做。参加共产党都是最优秀的人，至少他要打算不顾私人利益为大众服务。我过去在家中有饭吃、有书读，为什么要参加革命自找危险、自找辛苦呢？就是因为我当时已看出了共产党是人类最合理的一种党派。我是读书明理的人，如果共产党不好，我也不会冒了许多危险、吃了多少辛苦，参加革命事业……

就拿部队里当士兵的来说吧，共产党部队的士兵打起仗来像老虎，对待老百姓却像是儿女见了父母。我们部队里士兵爱护老百姓的事例、动人的故事简直太多了。就连我们自己在部队里做政治工作的，也往往为了这些从古以来、从未见过的事情所感动。我们部队驻到一个地方，士兵帮助老百姓耕田、挑水、担粪，那是最普遍的事情……

写了许多，唯一的目的只是希望父亲看开一点、心身愉快一点，不要为儿女们过分挂念，以后在新社会里，儿女们更不会堕落了……

家中千万勿念。耑特敬祝安好！

兄弟姊妹们不另问好！

儿 陶迅上

四·十九

这是1949年4月19日陶迅同志在渡江战役发起前写给父亲的一封家书。1949年4月22日，24岁的新华社战地记者陶迅在渡江战役中献出了宝贵的生命。这封绝笔家书如今陈列在渡江胜利纪念馆的展柜中。

陶迅原名李鼎香，生于1925年4月10日，1944年6月加入了中国共产党。经党组织安排，高三还没读完的他于1945年4月撤出南通城，分配到淮南解放区盱眙县新铺镇的华中建设大学新闻训练班学习，并改名为“陶迅”。“陶”是他深爱的病故生母之姓，“迅”是其崇拜的鲁迅之名。

1946年，陶迅到华中野战军第6师政治部的新华社第24支社工作。渡江战役时，陶迅任解放军第三野战军第24军《火线报》战地记者。1949年4月21日，毛泽东主席、朱德总司令发布了《向全国进军的命令》，解放军“百万雄师过大江”。当天深夜，陶迅所在新华社第24支社和火线报社的同志们，同乘一条渡船随部队第二梯队从北岸过长江。当船抵达目的地江南安徽铜陵附近渡口靠岸时，第一个跳上岸的通讯员踏响了敌人埋下的地雷，陶迅及许多同志被弹片炸伤，伤势最重的陶迅腹内大出血。

22日拂晓，入党介绍人李干赶去看望陶迅。担架上的陶迅撕下“中国人民解放军”胸章：“给你留个纪念吧！”陶迅强忍着说不出的疼痛，始终没有哼过一声。他断断续续地问李干：“我能不能算完成任务?”他还嘱咐李干“把我的一切交给党”“口袋里的钱，作为最后一次党费”。当天上午11时45分，突然大量鲜血从陶迅口腔和鼻腔猛地喷出，他随后昏迷过去，李干连声喊他却不得回应。陶迅为解放战争的胜利付出了年仅24岁的生命。

陶迅牺牲前5天，即1949年4月17日，他接到家中来信，并花两天时间写了这封3000多字激情洋溢的给“父亲大人”的长信。3年没见儿子，父亲李吉阶接到家书喜不自禁，可随后不久又听到新华社发出的唯一在渡江战役牺牲的新华社记者陶迅的消息，又悲从天降。

陶迅这封家书述说了共产党人的初心：“我党是有史以来的真正为人民服务的一个政党，是最公正无私的。他的革命目的是为了世界上人人有饭吃，人人有事做。参加共产党都是最优秀的人，至少他要打算不顾私人利益为大众服务。我过去在家中有饭吃、有书读，为什么要参加革命自找危险、自找辛苦呢？就是因为我当时已看出了共产党是人类最合理的一种党派。我是读书明理的人，如果共产党不好，我也不会冒了许多危险、吃了多少辛苦，参加革命事业。”

在谈到革命部队时，他说：“共产党在20多年以前，还只有几十人，在日本鬼子投降以后，还只有几十万人，没有飞机，没有大炮，国民党有飞机、有大炮，有强大的、富有的美国帮助。为什么他还打不过我们呢？为什么他还被我们消灭了300多万部队呢？这不是偶然的，这不是共产党有天兵神将，仅只有一个原因，就是共产党为人民办事，受到人民的拥护。父亲，您现在已有两个儿子参加了这种真正为人民服务的翻天覆地的伟大革命事业，这不值得您引以为慰吗?”

信中还提到解放军与老百姓打成一片及清廉的作风：“我们部队驻到一个地方，士兵帮助老百姓耕田、挑水、担粪，那是最普遍的事情，至于打骂老百姓则绝对不允许。其他对老百姓买卖公平、有借有还，则更非其他部队所能做到。例如，我们部队里有采买上士往往到新区买东西，老百姓不知道我们票子的用法，少算了钱，买回来上士一算太便宜了，马上又补钱去。一次，我们有个上士买了一只猪，老百姓说可杀30斤肉，给了30斤肉的钱，回到部队后杀出40斤肉来，第二天又自动补10斤肉价给老百姓送去。这种事连一般老百姓都做不到，但在我们部队里却屡见不鲜。自古以来有这种当兵的吗？”

在信中，除了述说家国情怀之外，他还不忘记对父亲谆谆嘱咐：“父亲年纪大了，可多多补养身体。”“好在最后胜利，年内即可达成，届时我当返家看望。”“唯一的目的只是希望父亲看开一点、心身愉快一点……”

这封家书内容朴实无华，情感真切，今天读来，仍令人潸然泪下。

（摘自中国共产党新闻网2018年4月20日）

# 难忘瑞金，那片照亮我信仰的土地

刘建伟

## 雄关漫道 寻访老红军

邹衍，江西省兴国县人，1915 年生，1930 年参加红军，历经第一、二、三、四、五次反“围剿”和二万五千里长征。中国人民解放军开国少将，历任沈阳军区装甲兵政委、第 50 军政委、原沈阳军区政治部副主任、原沈阳军区副政委。1955 年被授予少将军衔。

“尽管已经过去 80 多年，可最让我魂牵梦绕的还是那片热土——瑞金……”在红军长征胜利 80 周年之际，记者探访百岁老红军邹衍。谈起长征那段峥嵘岁月，邹老激动地说：“最难忘的，还是那片照亮我人生信仰的土地。因为瑞金既是长征的起点，更是我革命生涯的开始！”

## 邹衍没想到，瑞金这片土地，会成为他人生的一个重要转折点

第一次接触红军，邹衍的心情特别复杂，他既想看，可又害怕。害怕是因为当时朱毛红军被国民党反动派宣传成了杀人放火的土匪、绿林。想看是因为从大人们的谈论中得知，朱毛红军其实劫富济贫，替天行道，个个都是不怕死、能打仗的英雄好汉。

就是带着这样一种复杂的心情，邹衍第一次在家乡见到了红军队伍。“他们在镇子里贴标语、开大会、打土豪，受到了乡亲们的热情接待。”兴奋之余，这支队伍给邹衍留下了很深刻的第一印象。

尽管当时的邹衍还有些懵懂，可看着平时恶贯满盈的贪官污吏被枪毙，恶霸地主被公开处决……一件件顺应民心的实事深深地影响着他，让他对红军愈加向往。

1929年春天，听说县城来了红军，邹衍第一时间就去报名参军。可在县城住了5天，他也没当上红军。原因很简单：年龄小，个子矮，人家不收。没当上红军，邹衍投身革命事业的热情反而更加高涨，他积极主动地参加儿童团、少先队，配合游击队的军事活动。

1930年9月，县苏维埃政府通知各乡选派一名少先队干部到红军中央政治学校第三分校受训，崇贤乡决定派他去。这标志着邹衍正式加入了他梦寐以求的红军队伍。

## 在瑞金经历过很多事，可有件事，却让邹衍念叨了半个多世纪

当时，一个司务长在买菜过程中贪污了15个铜板，被战士检举，调查核实后，最终被士兵委员会罢免职务。

“这支部队里，士兵竟然可以罢免干部！”这让刚参加红军的邹衍颇受震撼，“这件事让我对人民军队的性质和宗旨有了初步认识和了解，让我看到了新旧军队

的区别，更加坚信这是一个信得过的战斗集体。”

然而，真正让邹衍明白革命的意义，还是从毛主席讲一个“分”字的故事开始。

据邹老回忆，那次，战友们野外训练休息的时候，毛主席给大家讲了一个“分”字的故事。分就是打土豪分田地，毛主席联系实际讲解了为什么要打土豪分田地，什么是剥削，什么是压迫，以及革命的目的和坚定的理想信念。

“当时，听过毛主席的讲述后，我逐渐认识到土地本来就是农民自己的，地主豪绅不种地，不劳动，可他们吃得好，穿得好。农民租种地主豪绅的土地，打的粮食都被他们收租收去了，这就是剥削……”

“从一名吃不饱饭的农民，到为了吃饱饭参加红军，再到一名成熟的革命战士。”遥望瑞金的方向，邹衍激动地说，“也就是从那时起，我下定了决心，不管将来遇到什么困难，都一定会铁心跟党走。”

## 离开瑞金那一天的场景，同样让邹衍一辈子无法忘记

“当时，红军第五次反‘围剿’失败后，被迫转移开始长征。临别前，成千上万的父老乡亲送别红军，一些大妈大伯一边跟着队伍走，一边往战士们手中塞衣服和食物。不少乡亲脸上都挂着愁容，默默地为亲人子弟兵祝福。即便是队伍走远，大家仍然久久不忍离去。”

说到动情之处，邹老摘下老花镜，揉揉湿润的眼睛。他说，如果问长征途中最大的考验是什么，很多人都会回答是缺粮食。那时的粮食就是生命，长征路上没有粮食吃，是每一个红军战士面临的生与死的考验。

可就在长征路上，邹衍却将自己的干粮袋给弄丢了。别看里面只有一斤粮食，可在当时要没有这一斤粮食就得挨饿甚至活活饿死。让邹衍没想到的是，看到他粮食丢了，司务长和通信员等战友将自己省下的粮食分给了他。

回想到战友们冒着被饿死的风险，把炒面分给自己的那一幕幕情景，已经 101

岁的邹衍仍然特别激动：长征途中，战友之间的感情可谓是至死不渝。

邹老告诉记者，长征途中，许多红军战士被饿死、冻死。很多战士实在走不动了，在临死前，把自己的衣服脱下来，叠得整整齐齐放在身边，留给后来的红军战士穿……红军强渡大渡河、翻越夹金山时，为了减轻负担，除了留件换洗的衣服外，其他东西都扔了。翻越大雪山前，因为没有棉衣御寒，大家想了个办法：把两件单衣套在一起缝上，中间再絮些稻草、羊毛、棉絮。

那天晚上，在篝火旁边，邹衍把"为共产主义奋斗终身"这 9 个字深深刻在心里。他说，缝进内衣的不仅是这些防寒物品，更是革命理想高于天的坚定信念，支撑着他一步一步地爬过那座大雪山……

采访结束临行前，邹老特意叮嘱记者告诉年轻官兵："长征永远在路上！一代人有一代人的长征，希望你们能跑好手中这一棒，继承和发扬长征精神，在改革强军路上再立新功!"

（摘自《解放军报》2016 年 8 月 3 日）

# 那一夜的长灯

漆宇勤

我始终觉得，似乎每一个被作为纪念地的房子都有着一种特殊的气场和特殊的味道。做文物研究的朋友告诉我，这是历史文物在保护过程中控制湿度和温度造成的。

但我总是有些将信将疑，例如，在安源张家湾的这个小房子，总让我觉得沉重、肃穆，仿佛这么多年过去了，依旧有着一种义无反顾的激情在空气里燃烧。

从张家湾那栋民房里走出来，迎面的微风拂过各种红色元素的装饰，吹到我的脸颊，有些温柔的滋味。毕竟是春天，春天的风不比秋风的凌厉——90 年过去了，仿佛那秋风还依旧在耳畔猎猎作响。

这是 1927 年的秋天，赣西的山区依旧有着未及消退的暑热。在长沙开完中共湖南省委的会议后，34 岁的毛泽东坐火车来到江西萍乡的安源。刚刚结束的会议上，省委为了组织武装力量发动起义，决定派他到浏阳、平江去将农军组织起来，并担任师长。但心急如焚的他并没有去浏阳，也没有去平江，而是直奔安源。

安源，这是毛泽东曾多次来过的地方。在此前的六年时间里，他曾先后到过安源开展社会调查、发动工人、组织罢工、巡视工作。在那逼仄而危险的矿洞里，他曾以一介书生的面目深入其中，与那些光着身子侧跪着挖煤、匍匐着拖煤的汉子们一起交谈，谈工人受苦的命运并不是天注定，穷人也能过幸福生活。

在那脏乱而忙碌的工地上，他曾带着李立三一起访谈工人的生活境况。安源街上低矮简陋的小旅馆里也曾有灯盏半夜不灭，他邀来一伙打赤脚的工人聊未来，聊开展工人教育的打算。于是，1922 年，有了安源工人补习学校，有了安源路矿工人俱乐部，有了通过罢工反抗压迫、争取利益的想法。

在那场举世闻名的罢工前，他再次来到安源，将每一个细节每一个策略每一条纲领商量清楚，为了一万多工人的利益和安全，不能不慎重再慎重。于是，9 月 14 日，正是初秋，从前是牛马的工人，现在要做人！结果是美好的——罢工“未败一事，未伤一人”，取得了最终的胜利。此后几年，他又为安源工运的成就而来，他也为安源改变策略保存火种而来……

而这一次，他是为组织秋收起义的武装力量而来。此前，在有了组织武装起义的想法后，到哪里去组织兵力就成了困扰决策者的最大难题。接到省委派自己组织农军和前敌委员会的安排，毛泽东首先想到了安源这个自己曾倾注心血的地方，想到了安源正聚集着一批勇猛尚武、觉悟较高的革命工人，于是直奔安源组织秋收起义的兵力。

此行途中，他已经找到安源路矿工人朱少连。这位当年的工人俱乐部副主任依旧开着火车，以党员的血性应下组织铁路工人参与起义的任务。更重要的力量在安源，在那些早上下井不知道晚上能否活着出矿的穷苦工人之中。6 年的时间，足以让他们相信共产党带领的道路将通向幸福。多年前埋下的种子，已经悄然发芽。在安源，共产党的力量已经如藤蔓，蜿蜒在成千上万的工人中，蜿蜒进手握利器的矿警队里。

长时间的行程颠簸，毛泽东到达安源已是 9 月 1 日。时间不容拖延，当晚，他就在安源张家湾的一栋民房内召开了会议。此时的安源，已经聚集了萍乡工农义勇军、安福、莲花、衡山农军等武装力量数百人，加上当年随着工人俱乐部一起建立起来的安源工人纠察队，颇有些声势。

在民房里摇曳的灯光下，毛泽东看着秋收起义的兵力已经基本有了着落，一边安下为组织兵力而悬起的心，一边又燃起为策划起义而沸腾的激情。他与湘赣边界萍乡、浏阳等地党组织的负责人和赣西农民自卫军、安福农军等军事组织负责人一起，学习了中共中央“八七”会议有关发动土地革命和武装反抗国民党反动派的精神，讨论了发起农民暴动的布置。大家决定，将安源的路矿工人纠察队、矿警队和萍乡、醴陵、安福、莲花、衡山五个县的农民军等力量合编为一个师，下辖三个团。

摇曳的灯光下，这一批热血的汉子根据中共中央的指示精神，将起义的部队定名为工农革命军第一军第一师，不再沿用国民革命军的番号。摇曳的灯光下，这一批决然的汉子将起义的计划商议完备，他们没有想过，这次军事会议定下的工农革命军称号是中国共产党领导直接组建和领导的第一支武装部队；他们没有想过，这个晚上商定的武装起义将是中国共产党领导革命的一次重要跨越。

这次会议开得隐秘，连安源很多党员都不知道怎么回事。他们只知道，张家湾那间民房内的灯光在浓黑的安源矿山之夜里亮了一整晚，顽强地向着窗外的夜色透出缕缕光芒。这一夜的长灯摇曳，定下了一场惊天动地、开天辟地的行动。在张家湾的这一个长夜，该决定的决定下来，该计划的计划下来。

9 月 9 日！秋天的云彩让天空显得比任何时候都更高一些。铁路上的工人和沿线农民首先按照计划破坏了粤汉和株萍铁路，切断了交通运输，湘赣边界秋收起义终于按照那一夜长灯下预定的计划爆发。

1300 多名安源的工人和农民加入了起义的队伍，他们决定跟着共产党走上一条决然的道路！过去，他们将地底的煤炭取出来，点燃炼铁的火炉；现在，他们要将地底的火和温暖取出来，照亮整个世界。秋收过后，热血的汉子将粮食颗粒归仓，井下刨食的汉子安顿家小，他们将脑袋别在腰上，去干一件大事。田野里西风正烈，农民手里的镰刀、工人手里的斧头，拓印到了鲜红的军旗上。他们依旧着家常布衣，但手持枪械，将安源积攒了六年的力量爆发出来。

没有赶上南昌起义的警卫团这次补上，作为第一团；萍乡工人的武装、萍乡农民的武装，这是第二团；还有更多的人，浏阳的工农武装，这是第三团。22 岁的卢德铭正青春，作为总指挥带着 5000 多人的队伍向长沙行进。

90 年过去，我依旧不愿意详细记述这支队伍攻城略地的具体行踪，我只小心地记下：前期失利，起义部队剩下 1500 人，决定改变强行攻打长沙的计划。

集合队伍后，毛泽东又一次想起了安源，想起了萍乡，他决定带着起义部队离开文家市向南进发，进入萍乡。打算经萍乡过莲花，退往湘南汝城，然后在汝城占据湘粤大道，策应叶挺、贺龙的队伍北出广东。在这个过程中，9 月 23 日，起义部队又在萍乡芦溪镇遭到反动军队伏击，损失了数百人，总指挥卢德铭也壮烈牺牲，全部人马只剩下 1000 人左右。

毛泽东开始痛苦地思索：部队下一步怎么办？往哪走？在芦溪遭遇的那场战斗，给大家发出了警示，前行的路上充满了血与火的考验，可能随时都会遇到敌人的围追堵截，所以选择的每一步路，都必须无比审慎。

就在这时，部队与莲花县的党组织联系上了。在他们的接应下，起义军来到了莲花的高滩村，开了一个行军会后，再次出发奔向莲花。冒雨攻下莲花县城、救出秋收暴动后被关押在县城的 100 多名革命同志，部队只花了很短时间。但接下来如何走，却需要更费时间去思量。那些没有战死捐躯的人，那些没有脱逃的汉子，5000 多个名字中仅剩的 700 多个，朝着东西南北的强敌张望，有迷茫也有决然。

县城南门外的“宾兴馆”，昏黄的灯盏又一次彻夜未熄，微风里摇曳着不屈的光芒。前委会从下午开始，五个为着中国的未来冒死革命的男人，一直争执到了晚上。宋任穷从南昌一路追赶着秋收起义部队，带来了江西省委书记汪泽楷建议毛泽东带领部队退到赣西宁冈的信件；莲花县的老党员头一天也提出可以联系井冈山上熟识的农民武装到那里去落脚。但去湘南汝城是早有的计划，并不是每个人都愿意改变。这一夜，宾兴馆的灯盏摇曳不停，见证了屋子里被劣质纸烟呛得半眯着眼的五个男人的激烈争执。这种争执没有偏见，但都很执着，都是为着革命事业，都是为着部队的生存与出路。最后，湖南人毛润之掐灭纸烟，说服了其他人：往井冈山去！到大山深处孕育火种。

这一夜的长灯，默默记着这个决策的细节以及如何发端到最后成型。它由此也知道了，顶天立地的男人也会迷茫，没有一只老虎生来就啸傲山林。这一晚彻夜不眠的灯盏，也在牵引着700双明亮的眼睛、700双疲惫的裤腿。他们并不清楚这一夜引兵井冈的讨论与决策，只知道跟着党的决定走，跟着部队的指挥走，跟着这宾兴馆里整夜的思考和分析走。

只有摇曳的灯盏最清楚，这整夜的反复争执、反复权衡、反复想最坏的结果和最美好的未来，都是为了找准一条对得起这一路走来提前倒下的兄弟们的生路与好路，都是为了找准一条能够看得见中国幸福未来和胜利希望的出路与大路。

天亮之后，大家都知道了，接下来到农村去，到大山里去。走吧，昨夜，就在这莲花县城宾兴馆的一盏油灯下，领军的人下定了决心：去井冈山，找一小片地方，给红色的队伍安家，给中国革命许一个武装割据胜利的新起点。再前进就是著名的“三湾改编”了，再前进就是井冈山的烽火和明灯……从此，沿着前方蜿蜒的道路，一片新的天地即将打开！

这是90年前的事了。90年后，当我站在一场暴动的策源地，站在一次转折的决策地，首先想到了张家湾那摇曳整晚的灯盏，想到了宾兴馆那摇曳整晚的灯盏。就是在这彻夜的长灯下，1927年壮烈的秋天有了起源之处，一串长长的历史事件有了最初的根脚。我还想要找到一本名册，将那个秋天里密集而不屈的英魂名字逐一点到，排成队列，一路往井冈山、延安、北平行进，行进到中华人民共和国的成立。这时，耀眼的阳光将回过头拥抱着1927年秋天里在安源与莲花那两夜摇曳不熄的灯盏光芒。

（摘自《人民日报》2017年3月27日）

# 从一盘散沙到众志成城

刘同华

在新时代，全党要来一次大学习。对于中国共产党人来说，我们首先要认真学习的，就是马克思主义原著和中国化马克思主义的经典著作。

毛泽东同志的著作，就是这样的经典。

伟大也要有人懂。毛泽东同志的著作是世界的，更是中国的。

近两年，美国奔驰出版社将韩毓海的《伟大也要有人懂：少年读马克思》《伟大也要有人懂：一起来读毛泽东》引入美国市场，意大利、荷兰和尼泊尔也已经陆续将该书出版。

感谢人民出版社、中国少年儿童新闻出版总社推出韩毓海的专著《重读毛泽东，从 1893 到 1949》。数年辛苦不寻常，韩毓海为了写这本书多次跑到湖南、江西、福建，还有西南西北，一是访求真实资料，二是以朝圣的心态向我们党史上的英雄致敬。书稿初成之日，是 2015 年的冬天，他来到西柏坡，在慷慨的乐曲声中，走向毛泽东、周恩来、刘少奇、朱德、任弼时的塑像……

# 一

习近平总书记指出：群众路线，是毛泽东思想的重要组成部分之一。

读韩毓海的这本书，第一个深刻的感受就是：群众路线，来之不易。

毛泽东在湖南第四师范读书时的听课笔记《讲堂录》里说："中国固自由也，人民与国家之关系，不过讼狱、纳赋二者而已，外此无有也……惟无关系也，故缺乏国家思想、政治思想。"近代以来，中国之所以落入"一盘散沙，人人得以欺之"的悲惨境遇，一个重要原因，就在于人民被排斥于国家政治之外。

毛泽东同志和中国共产党的一个伟大功绩，就在于使亿万中国人民，成为这场伟大的社会革命的主动参与者，成为社会变革的主体。正如毛泽东同志所说："中国的命运一经操在人民自己的手里，中国就将如太阳升起在东方那样，以自己的辉煌的光焰普照大地。"

正是因为认识到这个根本问题，因此，青年时代起草了《湖南学生留法勤工俭学计划书》的毛泽东放弃了出国留学。1918 年 6 月，毛泽东这样说，欲改造中国，有两件事是最为急迫的：其一，是对中国历史上的治理经验加以系统地整理与批判；其二，是做实地调查研究，而这两项当务之急的工作，都不能在国外做。

如何使祖祖辈辈生活在村落里的农民，成为现代国家的主体呢？这里的关键，首先在于组织一支人民的军队。这样的军队，不是为某一户、某一村而战，而是为了所有人的村庄——中国而战，"我们都是来自五湖四海，为了一个共同的革命目标，走到一起来了"。正是这场伟大的社会革命，正是这样一种超越一家一户的社会革命目标，形成了新中国的主体——人民。

没有人民的军队，就没有人民的一切。1927 年 9 月 19 日，毛泽东率领秋收起义残部一千余人到达了浏阳文家市。"人民子弟兵"这个崭新的制度，就是从浏阳河畔的文家市走出来的。

在奔赴井冈山的途中，毛泽东为他的部队规定了行军纪律：说话要和气，买卖要公平，不拿群众一个红薯——而这就是著名的《三大纪律八项注意》的雏形。

当秋收起义部队在永新县三湾村进行整编时，毛泽东又为这支军队创造了一种新的组织形式：以党的组织和士兵委员会来打破旧军队的科层制。

1965 年 8 月 3 日，毛泽东接见法国总统戴高乐的特使、文化事务国务部部长马尔罗。马尔罗问毛泽东说："我认为在毛主席之前没有任何人领导过农民革命获得胜利，你们是如何启发农民这么勇敢的？"

毛泽东淡然回答："这个问题很简单。我们同农民吃一样的饭，穿一样的衣，使战士们感觉我们不是一个特殊阶层。我们调查农民阶级关系，没收地主阶级的土地，把土地分给农民。"

1956 年 11 月 15 日，毛泽东在中央委员会全体会议上发表讲话。当时他说："我们长征路上过草地，根本没房子，就那么睡，朱总司令走了 40 天草地，也是那么睡，都过来了。我们的部队，没有粮食，就吃树皮、树叶。同人民有福共享，有祸同当，这是我们过去干过的，为什么现在不能干呢？只要我们这样干了，就不会脱离群众。"

我们的党和军队战无不胜的法宝，就在于依靠人民，组织人民。习近平总书记指出，坚持人民主体地位，充分调动人民积极性，始终是我们党立于不败之地的强大根基。

## 二

独立自主，是毛泽东思想的又一精髓。

在遵义会议之前，我们党的领袖都是由共产国际指定的。毛泽东同志是我们党第一个独立自主选择的领袖。韩毓海的著作，使我们重温了这个波澜壮阔的艰辛历程。

俄国共产党通过成功的城市武装起义，建立了第一个无产阶级政权，这在很大程度上依赖的是俄国共产党在城市工人阶级中所进行的坚韧、细致的地下工作，包括对旧的国家机器的策反。实际上，包括列宁、斯大林和托洛茨基在内的俄国共产党领袖，都有长期进行地下工作的经历，但是，在中国这样一个农村占主体地位的大国中，进行社会革命，更主要的则是要发动广大群众，组织广大农民，才能使革命走出困境。我们党在认识到这一点的过程中，付出了残酷的代价。最终，党领导中国革命由城市地下工作，转向广大农村，走上了农村包围城市、武装夺取政权的道路。

韩毓海的著作指出：以山地为主的中国，不能照搬以平原为主的欧洲的战争形式——这是毛泽东同志立足中国大地所认识到的一个真理。

正是基于这样的中国智慧、中国思想，毛泽东在遵义会议上提出：必须把平原阵地战，转变为山地运动战，必须立即把消极逃跑的路线，变为主动出击的路线，在运动战中积极主动寻找消灭敌人的战机，而这就把运动战上升为“闪电战”和“突击战”。这种战术，后来成为第二次世界大战战胜方的法宝。

习近平总书记指出：“历史条件的多样性，决定了各国选择发展道路的多样性。人类历史上，没有一个民族、没有一个国家可以通过依赖外部力量、跟在他人后面亦步亦趋实现强大和振兴。那样做的结果，不是必然遭遇失败，就是必然成为他人的附庸。”

毛泽东同志的这首词，不正是“中国道路”最波澜壮阔的写照吗？

西风烈，
长空雁叫霜晨月。
霜晨月，
马蹄声碎，
喇叭声咽。
雄关漫道真如铁，
而今迈步从头越。

从头越，

苍山如海，

残阳如血。

## 三

实事求是，是毛泽东思想的精髓。

在毛泽东看来，世界是有规律的，但世界又是变化发展着的。用中国的说法，规律与必然性是“数”，而发展变化和偶然性就是“势”，观察世界，必须同时认识到规律与变化、必然性与偶然性、数与势这两个方面。

相对于读书求知，毛泽东更为强调行、实践、变化、偶然性和“势”的作用，他强调自由对于必然的优先性，主张变化之于规律的优先性，倡导改造世界之于解释世界的优先性，他告诫共产党人要“心中有数”，然而他又说：自由并不等于对必然的认识，正是时势与变数，方才决定了道路曲折、前途光明。

毛泽东没有空谈“天理”，而是使“天理”运行于“时势”之中，从而使马克思主义由死的教条成了活的真理。在陕北，毛泽东写下了《实践论》和《矛盾论》。《实践论》是关于变化和“时势”的学说，《矛盾论》则讲述了在复杂的矛盾中创造“时势”与把握“时势”的道理。

习近平总书记深刻指出：“坚持实事求是不是一劳永逸的，在一个时间一个地点做到了实事求是，并不等于在另外的时间另外的地点也能做到实事求是，在一个时间一个地点坚持实事求是得出的结论、取得的经验，并不等于在变化了的另外的时间另外的地点也能够适用。”

习近平总书记提出，“毛泽东同志就是一位伟大的哲学家、思想家、社会科学家”。《重读毛泽东，从 1893 到 1949》是一本关于毛泽东的著作、思想和革命历程的书。读这本书最强烈的感觉是，毛泽东同志的著作，具有极为强烈的当代意义。

中国人民站起来了，富起来了，而在走向强起来的道路上，我们必须沉下身子来，认真地思考我们从哪里来、要到哪里去的问题。这就是我们今天重读毛泽东的意义。

（摘自人民网 2018 年 1 月 17 日）

# “要用上前线的激情来读书”

张曼菱

抗战时期的“国立西南联合大学”，由中国的三个最高学府——北京大学、清华大学、南开大学联合组成。自 1937 年至 1945 年，西南联大坚持战火下的教学共计 9 年，在战时大学中联合得最成功、办学时间最长。翻阅报名册，人们会发现原来入学者达 8000 人之多，而最后领到毕业文凭的不过 2000 多人。战乱、贫困、离散等各种原因，使大部分学子没能完成学业。而在这 2000 多人中，最后成为学科领军人物的也是少数。

西南联大和任何一所大学所培养出来的，我以为，只能称作是“潜人才”，有心者需要经过一个深造的环境对接，才能成为可用之材。《荀子·劝学》曰：“锲而舍之，朽木不折；锲而不舍，金石可镂。”志向坚定，用心专注，珍惜时光，这三点，看似不高亢、不起眼，却成就了他们的“大器”。一种学习态度，其实蕴含了人格品行的自我修养和深邃的文化精神。

《道德经》说："含德之厚，比于赤子。"德厚之人，如婴儿一样纯洁，无所畏惧，不会像普通人那样计较眼前的得失。我采访过西南联大上百名学子，有幸亲聆一批堪称"英杰"人物的回顾。深入到这些名家的"精神成长"中去，就会发现他们自觉或不自觉地承接了东方文化的智慧与美德。他们皆具专注而独立的品行，不从流俗，不附平庸。

## 校花转系

郝诒纯，"联大"人公认的校花。

我问过生物学家邹承鲁：那时候你们也评校花吗？

他说："没有，但是大家心中有。她长得很漂亮，功课又好，篮球打得好，是学生会主席。"

哲学家任继愈毫不掩饰地称赞她"漂亮""活泼""多才艺"，"组织能力强"。

"联大"，三校群英荟萃之园，郝诒纯曾连任两届学生会主席。半个世纪之后，她在地质学界取得杰出成就，并担任西南联大北京校友会会长。

我曾在中国地质大学（北京）的实验室里采访过郝诒纯，在那些矿石和显微镜当中。那是她的世界，有一种旷野的苍凉，没有任何珠光宝气，散发着一股书香与青春朝气。

有人看到郝诒纯年轻时的照片说："像阮玲玉。"

上大学时，郝诒纯曾打零工维持生活开销。她曾到一个教会医院去洗纱布，护士长不忍心看到这样秀气的女孩干得双手开裂，就给她换了一个工作，去刻蜡版。后来，她用自己的工钱买毛线送给教授家的孩子们，帮助他们过冬。

郝诒纯资质过人，因为对这个民族的悲悯与责任心，毅然选择了地质学，终生在野外考察中度过。

郝诒纯上中学时，一位地理老师常对他们讲，中国鸦片战争以后，受帝国主义侵略，所有的矿产开采，都是外国人的。“你们将来一定要学地质或者采矿，把我们的矿产开采权掌握在中国人自己手里。”

到了西南联大，郝诒纯又受到了一位教授的影响，他是袁复礼先生——第一届西北联合考察队队员。“西北考察队是瑞典人出的钱。20 世纪 20 年代初期，领导权掌握在瑞典人手里。一是为了考察，一个还是为了预备掠夺我国的矿产资源。”

在那个军阀统治时期，袁复礼这些爱国学者通过斗争取得了科学考察的权力，但主权还是掌握在外国人手里。袁复礼痛感祖国被“弱肉强食”，竭力劝学生学地质。

一般女生学地质，教授们都不欢迎，因为结婚以后就不能干了，另外也有危险。

“我是一个女生，系里就不要我。袁复礼老师说，没有关系，科学领域里男女是平等的。男的能够办得到的，女的也一定能够办得到。这给我非常大的鼓励。”当郝诒纯要求从历史系转地质系时，很多男生都不禁感叹，这样的女孩子，应该去外文系啊!

“我出野外，都是跟男生在一起。那个时候没有客栈。云南农村的旅店，下面是猪圈，上面就是一圈木头条、竹子搭的。我们就睡在上面。我跟男生用布拉一个帘子。他们睡在外面，我在里面。”

战火连天时，郝诒纯在野外考察，曾经因为被怀疑是间谍，军队把她和同学一起抓走，关了起来。当时的人看不惯男女同行，而怀疑他们关系“不正当”。而当每一次误会解释清楚后，人们都会对这个漂亮而不畏艰险的女学生刮目相看。

一张照片代表了郝诒纯一辈子的主要生活。这位身材颀长窈窕的女性，挎背包，戴越野帽，手挥铁锤，脚踏山崖，正在凿取矿物标本。她告诉我，直到今天，男生也少有报地质的。地质大学每年招生都有难度。

太平日子过久了，学子们感受不到一种发愤的动力。对国家的责任松弛了，只剩下对自己生活的盘算。这种状况，在其他学科也相当普遍。

2017 年 12 月 23 日，北京大学举办了“回顾与展望——中国西北考察团九十周年纪念论坛”。这就是当年袁复礼先生给郝诒纯讲述的那次刻骨铭心的野外考察。袁先生在其间工作了五年，而他的多个子女，就是郝诒纯曾经送毛线给他们御寒的那些孩子，后来全部学了地质。

如今，“国耻”已经成为过去，而先贤的骨气与爱国精神，值得今天的青年人追怀。

## 虎啸南岳

北大撤出北平到长沙后，日寇节节进逼，这座历史名城也遭到了轰炸。有一批学子参军走了。后来，我在台北遇见的化学系孔令晟学长，就是其中之一。

孔令晟身躯高大，相貌威武。他告诉我：“我们那个时代优秀的人都出去当兵了。我是直接到战场的。”从军，是战火催生的一种志向。激烈的炮火将孔令晟的耳朵炸聋，现在同他讲话，只能在他略有听力的一侧。

哲学系学生任继愈说，当年是读书还是从军，在长沙时，师生们曾发生过一次大争论。钱穆教授说：“如果我们把到后方来读书当作是苟安，不如上前线去作战的好。我们既然到了这里，就要用上前线的激情来读书，才对得起国家和前方将士。”

因为抗战不是三五天的事，所以学业不能中断。

在“长沙临大”，任继愈寄宿在南岳古寺之中。他告诉我，夜间听见虎啸，早晨起来，曾看到在寺院的树枝上，挂着虎毛。

青年人毫无畏惧，任继愈就此游遍南岳名山，惊讶于中国的儒道释在同一座山中和谐相处。

学校再迁昆明。为了彰显大学的存在与不屈的气概，一部分师生组成“湘黔滇旅行团”，步行去云南。

任继愈回忆——

“这是一次终生难忘的教育。因为我一直在城市里长大和学习，真正的农村基层没有接触过。到抗战开始，经过从湖南长沙到常德到湘西这么过去，一直到贵阳，然后再往西走。有一段路是跟长征的路线相重合的，古代的《徐霞客游记》里头也提到过这一条路线。这次走路对我教育最大，真是看见最基层的人民是怎么活的，感触很大。”

在贵州一个偏僻的小县城里，县长贴出布告，称这些路过的大学生是未来的“社会领袖”，是“民族的希望”，要求当地人为他们提供干净的住处。

一位保长在集市上敲锣，传令乡民们不能涨价，因为有学生老师要路过和购买。人民极其寒苦，但“当亡国奴，他们不干”。

“我们中国有一个很好的传统，就是从上到下不愿当亡国奴。当时这种生活，百姓就很艰难，也很痛苦，但能忍受。可是日本人来，他就不能忍受。其实打日本，他们是很积极的。这是有志气，是民族志气！”

一名知识分子，报答自己人民的方式，就是用他的学业，来维护这个民族独特的文化与尊严。

任继愈说：“那时候我感觉到，中华民族文化渗透在穷乡僻壤里。所以从那以后，我就开始专攻中国哲学史。”

在当代哲学家中，像任继愈先生这样曾经“用脚掌丈量过大地”的人太少了。任继愈在哲学界具有很高的权威，曾经被毛泽东主席夜召中南海讨论哲学与宗教。然而，他终生保持淡泊，对普通人民有充分的尊重和深切体会。

任继愈曾对我说，他喜欢云南人“有脾气”，有脾气意味着有尊严，不接受收买，不是拿出一点儿钱来就能“摆平”的。

在多次谈话中，任继愈都提到“民气”这个词。只要“民气不衰”，他认为就有希望。我印象最深刻的是他的这段话：“从鸦片战争到‘五四’，中国人的各种努力都是在寻求‘现代化’，走出‘中世纪’。谁能带来‘现代化’，人民就跟谁走。”

## 科学救国

日军占领北平时，邓稼先还在志成中学念书。一天夜里，校长跑到他家中，告诉邓的父亲，这个孩子必须马上逃离。

因为白天在日本人召集的会议上，邓稼先当众撕碎了日本国旗，踩在脚下。

邓父是北大哲学系教授，临别时，他说："儿啊，你要学习科学。学科学对国家有用。"

邓稼先跑到了昆明，考入西南联大物理系。他对古城印象深刻，昆明当时靠每天在五华山放炮来报时间。这件工作被勤工俭学的西南联大学生承包了。

半个世纪后的一天，邓稼先告诉妻子："今后这个家我不能再管，都交给你了。"

从此，邓稼先远离北京的家人，工作在秘密的远方。最终，他开创了中国原子弹与氢弹的时代，并为之付出了自己的健康与生命。

他的遗言："我死而无憾。"

在西南联大的众多学子中，科学成就与名望享誉世界的，大有人在。但讲到对于中华民族的生存发展，邓稼先、郭永怀这批人起到了至关重要的作用。他们的杰出贡献与崇高人格当彪炳史册。

生物系学子邹承鲁身材高大，面目俊秀。上学时，他办过壁报，演过话剧。对他影响最大的是杨石先先生。当时，西南联大并没有开设生物化学这门课。而杨石先在讲普通化学课时，谈到了正在兴起的新学科——生物化学，使得邹承鲁产生了兴趣。

邹承鲁说，自己的理想是"科学救国"，"从蔡元培开创的校风，在真理面前人人平等。在艰苦条件之下坚持做学问，是西南联大最重要的学风。西南联大很艰苦，但是还有实验课。你必须上。管理得很严。"

多年后，邹承鲁成为中国人工胰岛素合成项目的带头人之一。

## 茶馆学风

身材高大、貌似威严的朱光亚，其实性格有幽默之处。

接受采访时，朱光亚说他参加过联大合唱团，随后开口唱了一段“茶馆小调”：“晚风吹来天气燥，东边的茶馆真热闹。”

昆明城西有几条老街，街名带“贵人气”——龙翔街、凤翥街、珠玑街、青云街、文林街。抗战时期，这些名字贵相的老街迎来了它们真正的“贵人”。

西南联大的师生们成天就在这些老街上“泡茶馆”。

杨振宁先生有清晰的记忆——

“西南联大当时没有烧开水的设备，一天喝水怎么办，就去坐茶馆。在凤翥街、龙翔街，还有文林街、青云街都有很多茶馆，很多位置是西南联大学生的。黄昆、张守廉跟我，三个人先在食堂里吃饭，吃完饭以后就去坐到茶馆里头，常常坐一个半钟头，高谈阔论。”

杨、黄、张因为才华出众，又形影不离，旁若无人地讨论他们的问题，因此在西南联大被称为“三剑客”。后来，他们都成为世界物理学界的佼佼者。

杨振宁常常跟研究生说：“研究生在念书时候所学到的东西，多半情形下，是从同学那儿学到的，不是从课本上，也不是从老师那儿学到的。因为同学之间的辩论，可以真正地深入。跟老师你不能接触时间太长，跟同学你可以持续不断地讨论。”

李政道回忆：“那个时候昆明虽然有电，但因为在抗战期间任务很多，电力有限，图书馆的电灯泡丝总是红的，根本不能念书，所以我们是在茶馆学习的。它晚上有汽灯。”

李政道认为，当时的茶馆是很特殊的，是代表着昆明民风、风俗的好地方，体现了当地人对学生的体贴之情。

“茶馆你可以早上去，很便宜的。我们清早就去。它那个方桌子，有板凳，可以一边坐两位，就是有八个位子。你去，可以泡杯茶，茶杯你就搁在那儿，他们放水，而且你不用再加钱，很便宜的，所以我们工作都在茶馆里面。”

邹承鲁说：“因为图书馆要占座位，大家都抢，所以我从来不去图书馆。不只是我，大多数人就在文林街啊等地方坐茶馆。那个地方的茶馆，窗明几净，而且大伙儿都在那儿念书。泡一碗‘玻璃’，老板也宽容，我就能坐一上午。所以好多人去那儿。”

那时，昆明人用语很雅，到茶馆要白开水，就说“上玻璃”。

我问过工学院学子王希季：“茶馆安静吗？”

王说：“那茶馆怎么可能安静？”

我说：“那你能看进书去吗？”

王说：“我们学的就是这个本事。”

闹中能静，这是“有志趣”的缘故。

英语系学子许渊冲对我说过：“对我影响最大的是朱光潜先生的一句话。他说，读书要有兴趣，没有兴趣做不了事。”

在台北的哲学系学子刘孚坤说：“罗素说过，人有两种冲动，第一种冲动是创造性的冲动，第二种冲动就是占有的冲动。罗素讲，要尽量地发挥创造的冲动，而贬低和不要那个占有的冲动。”

刘孚坤认为，享有的冲动融合在创造的冲动里面，才是理想的状态。

正是这种精神的追求，创造的享受，贯穿着西南联大学子战时的学习生活。

## 严格淘汰

物理系学子沈克琦对我说——

“西南联大有个规定，你课程不及格，不得补考。必须重修。这跟一般学校是不一样的。西南联大也有补考，什么样的补考呢？因为生病了，没有办法考试，那么你用病假条，到补考的时候，这个可以补考。缺考的可以补考，不及格不准补考。”

土木系学子梅祖彦回忆：“那个时候学校的淘汰率很高的。那些莘莘学子，流亡学生，跑那么远来读书，成绩要是不好，学校说开除就开除，让你退学就退学。或者，毕不了业，再念一年。有的学生整整念了 8 年。所以，它还是很严格的，并不放宽标准。”

那个时候，教授们打分都是画一个曲线，必须有多少人被淘汰。这种看似无情的冷静，其实是高等教育的规律——必须控制淘汰率，质量才能保障。

王希季，“两弹一星”功臣。在联大学习时，有过零分的纪录——

“在联大四年，作为培养我工程学方面的基础，我觉得是比较难得的。另外，为人处世方面，这些名师能给你做出表率。

例如刘仙洲先生，刘先生教我的是机械学。有一次考试他出了一个题目，要求准确到小数点后三位。那个时候我们没有计算器，没有计算机，只有计算尺，计算尺是不可能准确到第三位的。我对这个准确到第三位并没有注意。结果，我把这道题算完后，什么都对，就是没有准确到小数点后三位，刘先生给了我这道题零分。”

机械学零分，对王希季可是很大的事。因为机械学是必修的。机械学学完，才能学机械设计。机械设计之后，才可以学其他的东西。机械学不及格就等于要多学一年。

“所以这个事情对我的冲击非常大。让我认识到，做一样事情就必须把你做事情的要求，或者你的目标，考虑得非常清楚，非常认真，不然的话，好像是对了，结果却没有达到最后的要求。严师出高徒，它不只是知识的事情。”

## 时不再来

“古人贱尺璧而重寸阴，惧乎时之过已。”即使在日本飞机轰炸之时，西南联大的学子们也没有荒废功课。

在台北，历史系学子姚秀彦对我说——

“九点上下，警报响了，跟上课差不多是一样的时间。日本飞机天天来。天天来的意思，也不是每次都要来把你这个地方炸了，而是让你的整个行政啊、学校啊混乱，出现恐惧情绪。

“警报响了，跑！你不跑，万一它一个炸弹下来怎么办？

“警报解除了，上课去！你不要以为这样子就不念书了，其实是更加用功念书。

“图书馆早上还没有开门，门口就排成了长队。图书馆一打开，大家就进去了。因为三校的图书没有完全运到昆明，书不够，所以大家争先进去。

“晚上有老师做专题讲演，也是密密麻麻的。同学们更加努力，因为求知识的机会难得。”

朱光亚先生告诉我，“一二·一”运动时，他曾经参加了两天游行，后来因要准备出国的功课就退出了。朱光亚生前担任国防科工委负责人，是原子弹与氢弹工程的组织者。

历史系学子王汉斌说，他在联大时读书最多最专心的，正是在政治行动处于沉寂的那段时期里。他在西南联大学习《美国史》《比较宪法》和凯恩斯的经济学，在中国后来的改革开放中，都派上了大用场。

梅贻琦校长的儿子梅祖彦当年并不在从军之列，但他抗日心切，毅然要求去——

“记得当时，家里也经过一番争论。我们要去，我父亲讲，鼓励我这种精神，但是他说，在抗战那么艰苦的条件下，有机会上大学也不容易的。以后报国的机会还多，不如把大学上完再去。我觉得也是这样。但是一起的同学就开始鼓动，所以还是去了。”

为了从军，梅祖彦没有领到西南联大的毕业文凭。他是在法国完成学业的。

在抗战中坚持办学8年之久，培育了无数人才的梅贻琦校长，没有给自己的独子发放文凭。

这是一个风骨磊落的故事！

（摘自《光明日报》2018 年 1 月 29 日）

# 痛，力透纸背

邓康延

民国教科书的封面，曾经满布残垣断壁，这或许是全世界课本中仅有的，丑得何其凄美悲壮。孩子们识字之初已看到家国凋敝。他们小小的书包，分担着自己民族的重负。

民国的学生课本，各家出版社都可自由出版，良性竞争。1932 年，出版教科书最多的上海商务印书馆突遭日军轰炸，印刷所和 5 层楼的东方图书馆藏书尽毁，其中中文书 26.8 万余册，外文书 8 万余册，包括古今中外各科学术参考书，以及大量的中华孤本、珍本、善本。创始人张元济看着废墟上漫天的纸灰，泪水滚落，说："工厂机器设备都可重建，唯独我数十年辛勤搜集所得的几十万册书籍，今日毁于敌人炮火，从此在地球上消失了……"当时一位日军司令说："烧毁闸北几条街，一年半年就可以恢复。只有把商务印书馆这个中国最重要的文化机构焚毁了，它才永远不能恢复。"

商务印书馆在百废待兴中先印国难版教科书，封面采用各种被摧毁的建筑图片，以宣悲愤，以警后世。“民国二十一年（1932 年）一月二十九日，敝公司突遭国难，总务处、印刷所、编译所、书栈房均被炸毁，附设之涵芬楼、东方图书馆、尚公小学亦遭殃及，尽付焚如，三十五载之经营毁于一旦。迭蒙各界慰问，督望速图恢复，词意恳挚，衔感何穷。敝馆虽处境艰困，不敢不勉为其难。因将学校需用各书先行覆印，其他各书亦将次第出版。惟是图版装制不能尽如原式，事势所限，想荷鉴原，谨布下忱，统祈垂察。上海商务印书馆谨启。”

时任商务印书馆总经理的王云五痛苦万分，萌生退意。“但是他一转念，敌人把我打倒，我不力图再起，这是一个怯弱者。他又念，一倒便不会翻身，足以暴露民族的弱点，自命为文化事业的机关尚且如此，更足为民族之耻。此外他又想起，这个机关三十几年来对于文化教育的贡献不谓不大，一旦消灭，而且继起者无人，将陷读书界于饥馑。凡此种种想念，都使他的决心益加巩固。他明知前途很危险，但是他被战场的血激怒了，不觉其危险。他明知前途很困难，但是他平昔认为应付困难便是最大的兴趣，解决困难也就是最优的奖励。”（《十年苦斗记》）王云五和同人重振雄风，当年 8 月 1 日，商务印书馆恢复生产。他亲自刷写大字标语，悬挂在印刷厂的外墙上：“为国难而牺牲，为文化而奋斗！”路人为之动容。11 月时商务印书馆即已恢复“日出一书”。当时胡适在给王云五的信中写道：“南中人来，言先生须发皆白，而仍不见谅于人。”

1929 年至 1937 年，商务印书馆出版由王云五主编的《万有文库》系列，以低价精品小册子，广启民智，共 1721 种，为收藏《万有文库》而新建的图书馆不下 2000 家。这一壮举，被美国《纽约时报》称赞，“为苦难的中国提供书本，而非子弹”。

多年后，我寻访老课本，去了商务印书馆总部，总编室还挂着张元济先生的一副对联：“数百年旧家无非积德，第一件好事还是读书。”我各处寻找上海商务印书馆大楼被毁前后的资料，唯见日本人拍得清晰。

2017年，商务印书馆120周岁。两个甲子悲欣，一段往事如烟。

有些痛，烙在封面，力透纸背。

（摘自《读者》2017年第14期）

# 追寻义勇军远去的背影

王慧敏

1931年“九一八”事变后，东北人民奋起抗战，出现了各种群体的抗日义勇军。由于敌我力量悬殊，大部分义勇军战败，部分人撤至苏联，其中一些人绕道西伯利亚，从新疆塔城口岸回国，姜厚本就是其中之一。

## 外孙女眼中的姜厚本

我讲的有关外公的一切，都是从我母亲那里听来的。

外公叫姜厚本，黑龙江虎林人。外公家世代行医，顺带做药材生意，是当地的大户。外公虽然在家中排行老二，可由于他精明能干，医术精湛，家里的事都是他说了算。

日本人一来，一切都给毁了。外公经常十天半月不回家，即使偶尔回来一趟，也是行色匆匆。家里的一切，都撂给了大外公姜厚生。

一天夜里，外公一下子从家里带走了10多个男丁。自此，这10多个亲人再没回来过。又一个深夜，外公把大家召集起来，说："这些年我在为抗日队伍筹集粮饷，怕连累你们，才一直没有吱声。最近，鬼子集村并屯，咱们的队伍被堵在老林子里动弹不得，不仅缺医少药，连饭都吃不上了……我把房子全卖了……"

他将一大家子人带到山沟里一个地窝子安顿下来，从那以后，外公就再没有回过家。

一晃又是大半年，这年中秋节的晚上，有人敲响了地窝子的门。一个身背长枪、瘦瘦高高的中年男人问："哪位是姜厚生大哥？"来人把大外公拉到屋角耳语了一番，大外公神色紧张地命令大家："赶快收拾东西，只带那些用得着的，鬼子要来了。"

大伙走了大半夜，来到了江边，那里早已泊着两只木船。就这样，母亲和一群义勇军家属来到了苏联。在苏联生活了一年后，母亲随大家来到了新疆。

## 孙女眼中的姜厚本

我父亲心里一直有个难解的结，那就是他和我爷爷之间的关系。

父亲从小由我大爷爷姜厚生带大，他管我大爷爷姜厚生叫爸爸，到死都没有管我的亲爷爷姜厚本叫过一声爸。

我父亲打小就跟着家里人一直在逃难，从东北逃到苏联，又从苏联逃到新疆。中华人民共和国成立后不久，他上了新疆大学。20世纪50年代初，新疆牧区开始搞土改，缺少有知识、有文化的人，父亲大学没毕业就报名去了偏远的塔城。

父亲工作非常投入，总是被评为先进，塔城的农民称他是"塔城的焦裕禄"，他的事迹还上了《新疆日报》。

报纸出来不久，单位传达室的工作人员打来了电话，说一个南疆老乡找上了门，声称照片上这个人是他的儿子。

这是一个南疆农民装束的老汉，头发、胡子已经花白。老汉的手微微发抖，哆嗦着嘴唇说："云祥，我是你爹，姜厚本！"

父亲的心一震，多少年了，他一直以为自己的亲生父亲早已去世。最初的惊愕过后，父亲仔细打量着来人，眉眼和大爷爷姜厚生有几分像。他想说些什么，最终还是淡淡地说："我不认识你！"

父亲的决绝是有原因的，那些年运动一场接着一场，每一次都要把"社会关系"翻个底朝天，"历史不清"在那个年代可是要命的事啊！

多年后，父亲告诉我们，工作人员把爷爷拉走后，他伏在办公桌上压着嗓子大哭了一场。

不过，爷爷并没有罢休，他在我家那条弄堂的口上租了个小铺子，修起皮鞋来。他只图儿子每天上下班路过时，能看上一眼。当时牧区缺医少药，爷爷是祖传的中医，修鞋之余，免费给大家看病。很快，"姜神医"的大名传遍塔城。不久，塔城许多单位都来"挖"爷爷，爷爷最终选择了塔城食品公司。

生活安顿下来后，爷爷回了趟南疆，把家搬了过来。

爷爷原本希望通过自己的努力，能赢得我父亲的好感，最终父子相认。可父亲依然把自己包裹得紧紧的，不愿往前迈半步。

我也是在爷爷去世后，清理他的遗物，看到遗书时，才把他的历史搞清楚。如果父亲早早看到，也许父子关系会有所改善。

抗战时期在虎林活动的抗日联军有两支：一支是1935年在黑河建立的赵尚志（军长）的第三师，师长姓郝；另一支是1935年秋建立的抗日联军第七军……七军副军长是毕玉民……认识毕玉民是1935年秋天……毕军长任命我为军部委员。我的任务是：隐蔽身份，筹集抗日经费和物资。我化名如山，那段时间与我联系的有陈忠玉、于会海、董成富等同志，他们后来都牺牲了……1936年6月，毕玉民同志介绍我加入了中国共产党……1937年8月15日晚，联军将暴露人员的家属送到苏联。我不能再从事地下工作，就参加了部队，在第七军通讯营负责与苏方的联系工作……1937年10月，通讯营在苏勒营三门刘家的树林里进行整编时被日寇发现，突围中牺牲了四人，其中两人是我的表侄，都只有十几岁。我也在这次战斗中负了重伤，被送到苏联养伤。

刘奉阳是七军的交通员……1937年9月抗联派刘奉阳负责转移暴露人员家属，其中也包括我的家属9人……听说毕玉民、刘奉阳后来牺牲了，我自己从此也再没回过可爱的家乡。

## 女儿眼中的姜厚本

我父亲在苏联养好伤后，原本是想借道新疆回东北继续抗日的。可一进入新疆，就身不由己了。起初，盛世才（中华民国陆军上将，自1933年到1944年负责新疆的军事、政治，号称“新疆王”——编者注）伪装得很积极，请延安派干部到新疆来帮助工作，父亲他们这批归国义勇军，也受到了盛世才的邀请。后来，苏联和德国打了起来，苏联落了下风。看势头不对，盛世才又倒向了蒋介石，开始屠杀进步人士。

我父亲消息得知得早，就逃到了和静县。在这里，他认识了我母亲，结了婚（他的原配妻子早已去世），1952年生了我。那时候，父亲已五十几岁了。他做梦也没想到，这么大年纪了还得了个孩儿，所以我的小名叫梦娃。

父亲很在乎我哥，他知道我哥不认他，都是由于他的身份问题。任何苦他都能吃，可一有人质疑他的身份，他就受不了。有一回，造反派说他历史不清，让他交代问题。回来后，他在床上躺了一个礼拜不吃不喝，不停地说：“为了抗日，我姜厚本抛家舍业，死了十几口人，这一点我不后悔。现在胜利了，没有肯定，没有荣誉，反倒成了反动派！连儿子也不认我！”

1977年他退休时，念念不忘的还是身份问题。他不断找人去打听，得到的回答是：谁能证明你曾是抗联战士？部队散了，知情人都牺牲了，到哪里去查证呢。

一次次碰壁后，他沉默了。后来，他把自己关在房里。我从门缝里看，发现他趴在桌上写东西，就是那封遗书。一写完，父亲就躺倒了。初一生病，初五就去世了。

作为女儿，我只想给父亲求个名分。他一定很想大大方方地告诉后人：“我姜老汉曾经是个抗日英雄！”

（摘自《读者》2016年第4期）

# 还原真实的滇缅路

章东磐

今天你从昆明乘汽车前往畹町，当年的滇缅路已经一寸都看不到了。

宽阔的高速公路让汽车可以像风一样穿过崇山峻岭。深沟和两山之间，被数百米高的钢筋混凝土大桥架成坦途，太大的山就挖一个长长的大洞，让几辆并行的汽车毫无阻滞地冲过去。习惯在山路上盘旋的司机们爽得一塌糊涂，他们第一次发现上百公里可以一直踩着油门走，极速狂飙如飞，如果真的从高上云端的新公路上飞了出去，他们在将近一分钟后才会掉落的地方，很可能就是最早的滇缅公路。

我不知道这个世界上还有哪条山路上流过这么多的鲜血。这条1100多公里的公路，有超过40万至少6个国家的军人阵亡在与它直接有关的战场上，如果再加上至少两倍于此数的中缅两国死难平民，则这条蜿蜒的崎岖山路上每一米都是一条人命，每一米都仰面朝天地躺着一位死者，他们手拉手从云南省会昆明连接到缅甸的交通枢纽腊戌。也就是说，这条路从修筑起的不到 5 年，几乎用人的骨肉又重新铺了一遍。

一直到新世纪来临的时候，我们实际上都并不知道这条公路对我们整个国家的意义，似乎也没有人认真地研究过它。

一

1999 年，我第一次自己驾车驶上滇缅公路，开过大理之后，还有不少的路段依稀保存着当年的样貌。时近黄昏，金色的阳光斜斜地洒在路上，让那条被 60 年的汽车轮胎和鞋底抛光成晶莹剔透的塘石路灿烂之极，衬着背后苍黛的远山，有一种渐上天际的绝世之美。这种叫作“塘石路”的路面是滇缅公路的特色，在今天所存无多。它是用俗称“狗头石”的长条石块竖着挤压排列成路面，两侧再用巨大的石块挡住它们，使每一块石头经年累月都不会稍微松脱。石头当然不怕高原太阳的暴晒，所以永无柏油路面一到夏日经常稀乎烂糟的局面。当然也不怕雨水冲刷，没有土路一下雨变成一条烂泥沟的担忧。而且石头朝上的部分大约拳头大小，即便稍有不平，汽车走在上面并不颠簸。

二

滇缅路是抗战时中国的血脉，也是缅甸之战的导火索。对于曾经期望 3 个月搞定中国的日本，很大程度上是这条路挡住了他们迈向完胜的步伐。为了切断这条路，日本人生生把缅甸这个宁静的翡翠般美丽的佛教之国拖进了全然与它无关的中日之战。日本军队把发起于缅甸的战役定名为“断”，战略意图清楚明了，彻底切断中国的陆上补给线。

那时候，中央军校炮科要实弹射击，用几发炮弹，都必须校长签字，而校长就是蒋介石。军事物资管到这么细，国家军事资源之匮乏，这一个例子已经说明问题了。战争打到第 5 年，中国的抵抗仍然没有被摧毁，很大程度上都靠着这条唯一的血脉。在这条层峦叠嶂的公路上，日夜奔驰着各式各样的货车，很多都是南洋的华侨为祖国抗战而捐献的。我曾在几年前为了寻找一座当年美国工兵架设于滇缅路上的钢桥而走过一段极凶险的老路，一段早已废弃掉的老滇缅路。那是接近 40 度的陡坡，一面是峭壁，一面就是悬崖。即使不避让对面来车，也让人开得手心出汗，胆战心惊。戈叔亚告诉我，那时许多南洋华侨机工驾驶的还是烧木炭的卡车，上这样的陡坡，要烧好一会才能往上冲一小段，车上放着几块三角木，每当车冲至无力，站在车门外的助手要立刻跳下车去把三角木塞在轮下，防止溜车。等车烧好压力，又要飞快地拉出垫木，跳上车，否则就要跟在后面跑，因为车不能停下等人。这些本是平民而又生活相对优渥的机工们，有多少人为着自己素未谋面的故国能够挣出灭顶的深渊而舍身在了滇缅公路沿途的莽莽群山之中。在我所走过的滇缅路沿线，没有看见一座属于他们的纪念碑。

## 三

在澜沧江昌淦桥近旁的另一条江上，有一座完整如初的美军工兵架的钢桥。悠长的岁月似乎全然与它无关，60 多岁了连皱纹都没有。在一端的斜梁上有凹痕，那是整个桥身唯一的损坏，据说留下那个脸盆大凹痕的卡车完全撞烂掉了。这个漂泊来的弃儿，仍然像小伙子一样伸展着毫无老态的脊梁。

我们真应该在这座桥头用上好的钢材铸一面纪念铭牌，告诉今天的中国人这座桥的来历。工兵桥和昌淦桥之间，还保存有一段尚称完好的滇缅公路，是建遗址博物馆的好地点。就这么小一片区域，有多少故事可以讲，可以让后辈亲睹。可惜为着一座正在兴建的电站，此地很快将荡然无存了。

（摘自《读者》2012 年第 8 期）

# 回眸故土

张瑞胜

## 一

在陕北延川县秀延河边离县城 30 多里处，坐落着我的家乡王家河村。

我 19 岁参军，参军前没见过火车，连离县城只有 80 公里远的延安都没去过。改革开放前，家乡从村到乡连条架子车路都没有，运输方式就是人挑、肩背、驴驮。自然条件恶劣，山高地贫，出门就爬坡；干旱少雨，靠天吃饭，温饱不仅是村民的头等大事，也是政府的难解课题。

在家乡的日子，我放过羊，扶过犁，拾过粪，锄过草，喂过牲口，背过石头；吃过糠，咽过菜，受过冻，挨过打，人间的苦难样样经历过。人穷不如鬼，酒淡不如水。生活在社会的最底层，连最基本的生存条件都无法保障，自然也就失去了人格和尊严，常常听到的是冷嘲热讽，看到的是轻蔑冷漠。

在年复一年的苦难折磨中，为温饱辛苦劳作的父亲许下心愿：6 个儿子都要成为大学生，6 个儿子都要成为国家干部，6 个儿子每人一孔窑洞。这在当时实属宏愿。理想与现实承载力的巨大差距，让父亲和我们兄弟为求学历经苦难，这些艰苦的经历在我心里留下了深深的烙印。

那时候我觉得家乡充斥着饥饿、贫瘠、灾害、愚昧和落后，也曾幼稚地抱怨老天“造势不公”。到县城上学后，我常想，父母为什么不是城里人？我的祖先为什么不定居在关中平原？那里风调雨顺，沃野千里，走的是平坦大道，吃的是白面馒头。

参军后，随着工作环境的不断变化、年龄的增长、社会阅历的丰富，最初的那些幼稚想法渐渐荡然无存，而我对家乡和家乡的一草一木则更加眷恋。不仅因为那里是我生命和成长的摇篮，生活着我的父老乡亲、兄弟姐妹，更因为在那块土地上沉淀了深厚的历史和文化底蕴，让我感到无比自豪。

## 二

家乡到处有文物古迹。

21 世纪初，在我们村发现了竹子的化石，证明家乡在远古时雨量充沛，气候温和。

乡政府对面神圪塔山上的“神圪塔山遗址”属于龙山文化类型，总面积约 4 万平方米。出土有房址、陶窑窑址各两处，石器打刻坊址一处，还有大量的陶片和石器。陶片为夹沙陶和彩陶，主要纹饰为网纹、绳纹、玄纹和方格纹。陶器可复原的有甲、鬲、瓮、鼎等，石器有斧、锛、镛刀等。这些表明，在新石器时代，我们的祖先就在这里繁衍生息，并创造了灿烂的古代文明。

村南一里的地方，还发现了西周村落遗址，挖掘出大量的粗沙陶、泥陶、彩陶、黑陶以及瓮、罐、碗、盆、鬲和带孔、不带孔的石斧等实物及碎陶片。这说明在西周这里就已经有刀耕火种，渐现人类文明雏形了。

有如许多的历史遗迹，难怪我们一个小村庄的名字能挤进郭沫若的《中国史稿》中。

过去，在陕北有一句俗话：文出两川，武出三边。两川指的是延川和宜川，三边指的是定边、靖边和安边。延川就是家乡所在的县。

我们县东土岗乡黄河边上的伏义村，据传伏羲曾经在那里驯兽为畜，并且根据黄河的S形大转弯发明了太极八卦图和阴阳学理论。

伏义河黄河大转弯气势雄伟，摄人魂魄。中央美术学院靳之林教授多次深入此地考察写生，并将延川的布堆画、民间剪纸推向全国，介绍给世界。靳老先生及延川贤达人士将此地命名为乾坤湾，吸引了大量媒体和知名学者、画家等前来观光考察。现在这里游人如织，已成为来延安游客的必去之地。在乾坤湾旁边的小程村发现了匈奴人修建的千年古窑，这类建筑在全国都是独一无二的。大夏国王赫连勃勃墓就在我县东南部。县城西南部的雁门关，在唐朝时就成为全国26个重要关隘之一。

丰富的文物古迹与深厚的文化底蕴息息相关。远的不说，曾在家乡工作过的杜鹏程，北京插队知青史铁生、陶正，以及土生土长的曹谷溪、路遥等人，都在当代文学史上占有一席之地。

## 三

物华天宝，人杰地灵。可以毫不夸张地说，只有三四百人的家乡王家河村，是农民革命战争的缩影，也是很好的革命教育基地。

早在1925年，李嘉谟（1928年在省委工作时被活埋于西安红庙坡）等人加入了中国共产党，并建立了地方党组织。1932年，高朗亭（后任青海省军区司令员等职）在县委领导下，夺取永坪镇民团枪支，成立了延川中国工农红军西北先锋队。这是当时陕北最早的革命武装。后来，陕北特委将其改编为中国工农红军陕北游击队第九支队。经过数年的流血牺牲，到1935年，家乡得以完全解放，县、区、乡三级红色政权相继建立。同年 9 月，程子华、徐海东领导的红二十五军在我县永坪镇与刘志丹的部队会师。

为迎接中央红军，延川县人民一次性为中央红军缝制了 4000 多套服装。党中央到达延安后，在延川县居住或路过的村庄多达二三百个。在 1936 年红军东征时，中央领导人的书信电报往来中，多次要求延川县备足支前人力及战争所需的粮食、牲口、船只、担架等物资，并在多处设立兵站、医院、兵工厂及服装厂。

红军东征回到陕北后，在延川县杨家圪台召开了政治局扩大会议，毛主席作了《目前形势与今后战略方针》的报告，向全国发布了著名的《停战议和一致抗日通电》。该通电标志着抗日民族统一战线的形成，对全面抗击日本帝国主义侵略，推动全民族抗战具有深远的历史意义。随后中央又在延川县太相寺庙内召开了红一方面军团以上干部会议，中央要求部队克服本位主义和自由主义，同时制定了统一战线的政策和策略，并决定红军西征。这两次会议为日后党的方针政策奠定了坚实的理论基础和思想基础。

为了解放事业，家乡先贤奔赴四面八方，为国捐躯的达 1000 多人，而在后方的农民也毫不逊色。1937 年到 1941 年的 5 年中，全县为支援战争交的粮食增加了近 20 倍，全县 6 万人中就有 1 万多军属。普通农民每年支前达 30 天左右，担架队更是从本县走到了山西，甘肃的天水、兰州等地。农民的每头驴每年支差 18 天左右，至于支援部队所用饲料、养护伤员、送信等杂项差事更是不计其数。

## 四

身处盛世太平年代，家乡人从未忘记过先烈们的丰功伟绩。1988 年，县政府为纪念他们的不朽功勋，重新修建了延川县革命烈士陵园，习仲勋同志为陵园题写了园名。在众多烈士中，有习仲勋的战友杨琪（最早为陕北红军八十四师师长，毛主席到延安后他参加东征时牺牲）、杨灏（西北军委副秘书长）等人。

进入新世纪以来，家乡村村通了柏油路，城里的家用电器一样不落地在乡村安家落户。如今，红枣种植已成为家乡的支柱产业。枣树和其他树种覆盖了山坡陡洼，站在山顶，向四周远眺，你仿佛置身于绿色的海洋之中。枣花飘香时节，沁人心脾的甜香味阵阵飘荡，有人说，要是在城里感冒了，不用吃药打针，回到家乡的山上转一圈就好了。

有首歌叫《常回家看看》。自从父母辞世后，我回家的次数有所减少，但每年至少回去一趟，除祭拜祖先外，还要看望一下乡里乡亲。每当我和父老兄弟们粗糙的手握在一起，望着他们并不鲜亮的服饰，我心中常常会生发诸多联想。要不是父母当年忍饥挨饿供我上学，我或许仍在村里日出而作日落而息，为生计疲于奔命。因此，我每到父母坟前上香祭拜时，总不禁热泪盈眶。

一方水土养一方人。我的乡亲们大多有着古铜色的脸庞，穿着褪色的衣衫，佝偻着腰，手像树皮一样张裂着一道道口子，可他们内心深处仍然对党和政府充满了感激之情。每当问起他们的生活时，他们脸上就露出满足的笑容："咱可不能亏说公家，受苦人（陕北对农民的称谓）什么害灾（指各类税赋）也没有了，还给老年人发钱，看病也能报销一些，吃得饱，穿得暖，村上还通客车，进城都是坐车，谁还行走哩，说话做事要凭良心，人要知足哩!"乡亲们的生活其实并不算富裕，可他们却如此豁达、知足、感恩，他们的真诚朴实，每每激发出我内心深处强烈的感慨，让我感到自己其实很渺小。家乡给了我精神的滋养，家乡的父老兄弟永远是我生活、处世的老师，他们鞭策着我，激励着我，我还有什么不满足的呢？我唯有更加眷恋，更加努力，做出我自己的贡献。

（摘自《读者》2012 年第 11 期）

# 林迈可：让“延安声音”传向世界

梅兴无

毛泽东的名篇《纪念白求恩》，使人们对白求恩的伟大贡献早已熟知。但白求恩还有一大贡献却鲜为人知：他影响了他的英国朋友林迈可投入中国抗战。

国家主席习近平曾两次赞扬林迈可“积极参加中国人民抗日战争，在极为艰苦的环境下，帮助中国改进无线电通讯设备，他还冒着生命危险，为中国军队运送药品、通讯器材等奇缺物资。历史将永远铭记这些为世界和平正义事业作出杰出贡献的人们”。

## 在同来中国的船上结为朋友

1937年12月初，白求恩从加拿大温哥华乘船前往中国，为抗日军民提供医疗援助。在船上，他结识了毕业于英国牛津大学的迈克尔·林赛。林赛当时受北平燕京大学校长司徒雷登之聘，前往中国任该校经济学导师。尽管他俩国别不同，去中国的目的也不一样，但对世界和平的渴求，对被蹂躏民族的同情，使他们在漫长的旅途中结成了忘年之交。尤其是白求恩介绍的华北抗日根据地"神奇军队"——八路军和游击队的情况，更是引起了林赛的浓厚兴趣。两人在日本横滨分手时，约定在华北根据地再次相见。然后，白求恩辗转香港去了延安，林赛直接乘船在天津上岸，去了北平燕京大学。在燕大，林赛接受了教授冰心的建议，起了个中文名"林迈可"。

身在异国他乡，林迈可十分想念朋友白求恩。1938 年暑假，他买了台德国产蔡司伊康相机，前往华北根据地。他先来到冀中，在任丘见到了冀中军区司令员吕正操。最让他高兴的是，打听到白求恩正在平汉铁路以西的晋察冀边区帮助八路军救治伤员。他急切要求跟白求恩相见。于是，吕正操派人护送他越过平汉铁路，抵达晋察冀根据地。

1938 年 8 月，白求恩对能在船上约定的地方见到林迈可，感到十分高兴。林迈可跟着白求恩一起骑着骡子上了前线……用相机记录下了白求恩为前线伤兵做手术的一个场面，这是中国人十分熟悉的一张经典照片。

白求恩带林迈可去见晋察冀军区司令员聂荣臻。聂荣臻同他们进行了友好的交谈，向林迈可介绍了晋察冀历次歼灭日军的战绩，也谈到物资缺乏问题。对此林迈可已目睹，并表示知道自己该做点什么了。

## 像白求恩那样投入中国抗战

回到北平后，林迈可像白求恩那样，投入到抗日的具体工作之中。驻北平日军对敌后抗日根据地实行严密的物资封锁，药品等更是其严控的"违禁品"，一旦发现有人"违禁"，格杀勿论。林迈可利用欧美人士享有治外法权的特殊身份，为八路军批量购买药品。比如治疗疟疾的奎宁，药店是以克为单位出售的，而林迈可一次性可以购买几十斤。他经常利用周末时间，以旅游为名，骑着摩托车载着这些药品，一次次地通过日军哨卡，交给设在北平西郊的八路军地下联络站。这些药品再通过妙峰山交通线输送到晋察冀，转送到白求恩等医务人员的手中。林迈可在北平买药，白求恩在晋察冀用药，一条地下运输线像一条感情线串联着他们之间的友谊。

1939 年暑假，林迈可再次到晋察冀与白求恩相见。白求恩热烈地拥抱他，说现在我们不只是朋友，而且还是战友。在回北平前，看着日渐消瘦的白求恩，林迈可掏出身上为数不多的美金塞给他，邀约他到北平去休养些时日，并安排了去上海和香港的行程。白求恩答应等有空闲一定去，并托林迈可帮他修理一块手表。

林迈可万万没想到，他们的这次分别竟然是永诀。几个月后的 1939 年 11 月，白求恩在一次手术中手指不慎被割破而感染“破伤风”，转为败血症，因抢救无效而牺牲。白求恩在遗嘱中写道：“所有这些东西（指寄回加拿大、美国的部分遗物）都装在一个箱子里，用林赛先生送给我的那十八美金作寄费。”

闻知白求恩离世的噩耗，林迈可悲痛不已。为缅怀白求恩，林迈可要做的是继续像白求恩那样倾力帮助中国抗战。根据八路军的需求，林迈可采购了更多的药品、手术器械、通信器材、机油等紧缺物资，还联络好友、物理系英籍教授班威廉，用从国外购回的零部件装配无线电收发报机，然后通过那条地下运输线输送到晋察冀。

### 到白求恩战斗过的地方去

1941 年 12 月 8 日早上，林迈可收听到广播，日军偷袭珍珠港，美国正式对日本宣战。他预感日本人很快会上门找麻烦，必须从燕京大学撤离。撤往何处？他脑子闪出的唯一念头：到白求恩战斗过的地方去。林迈可驾驶司徒雷登提供的汽车，带着妻子和好友班威廉夫妇驶出燕大东校门。不到 10 分钟，日本宪兵开进燕大，封锁校园，抓捕抗日师生。日本宪兵在林迈可住所搜出一台发报机，并野蛮地把室内家具砸烂。林迈可一行驾车到西山后，弃车步行，在游击队的护送下，抵达平西小峰口八路军挺进军司令部。

1942 年春节后，林迈可一行到达晋察冀军区司令部。聂荣臻聘请林迈可任军区通信技术顾问。在白求恩战斗过的地方，林迈可他们工作了两年多时间，先后为晋察冀军区所属上百部无线电通信设备进行维护保养、升级改造，使无线电通信指挥系统始终保持在最佳运行状态。林迈可、班威廉受聘给晋察冀无线电高级研究班讲课，上完了大学相关专业的课程，为晋察冀培养了高层次通信专门人才，也为新中国储备了钟夫翔、王士光、江文、林爽、梁骧等一批通信、电子、导弹航天事业的领军人和领导者。

1944 年 5 月，林迈可到达延安。毛泽东、周恩来在杨家岭会见他一家。朱德聘请他担任“第十八集团军总司令部无线电通讯顾问”。林迈可设计建造了 600 瓦的大型发报机和定向天线，并准确地架设完成。8 月 8 日，新华社英文部用这套设备首次对外广播。中共领导的军队在华北抗日的消息开始在美国、欧洲传播，地处与美国相反方向的印度加尔各答，也收到了延安的新闻。“延安声音”终于冲破了国民党的封锁，直接传向了世界。

（摘自《文摘报》2017 年 12 月 5 日）

# 青山不老绿水长

陈志铭

人的一生会忘掉许多东西，也有一些忘不掉的。我忘不了泸定县“革命文物陈列室”里一个焦黑的树疙瘩。

这个树疙瘩有一段生动的故事：当年红军长征抵达化林，正是风雨交加之夜。饥肠辘辘的指战员单薄的衣服都湿透了。他们没有惊扰静悄悄的村子，在空地上燃起篝火……早晨，村子醒了，红军队伍也已开拔，只留下篝火的灰烬。面对灰烬，村民们除了惊讶就是感动：这是一支他们从未遇到过的军队，这是一支纪律严明的军队！一位大嫂小心翼翼拨开灰烬，取出没燃烧完的树疙瘩，供在自家的神龛里。这个不起眼的东西，就这样成了陈列室特殊的展品。

我想起了古田会议纪念馆展橱里的一块包袱布。我第一次走到它面前时就被其深深吸引，布是白棉布，上面用毛笔歪歪斜斜写着“六项注意”，有的字还是错别字，显而易见，书写者文化程度并不高。人民军队的“三大纪律八项注意”就是从这“六项注意”发展而来的。这一支军队为什么战无不胜攻无不克，秘密就在这里。

古田会议纪念馆里还有一件展品吸引观众眼球：一块土墙。1929 年，红军在漳平官田用了老百姓的东西，留下钱，在墙上写下留言。犹如文物考古工作者揭取珍贵的古代壁画，那块写着红军留言的墙被老百姓隐藏下来，两者不同的是，后者还要冒着生命危险，因为反动派对与红军有关联的人格杀勿论。

这块土墙和那个树疙瘩对应那件包袱布，说明“六项注意”不是空话，红军不拿群众一针一线，是不折不扣地做的。

人民子弟兵和人民血脉相连。

我认识古田的老红军马其昌，夏收夏种时他多次到我插队落户的生产队参加割稻和插秧。他告诉我，红军到古田时，他是长工，正在田里劳作，丢下锄头，连回住地拿换洗的衣服都没有，就赤脚跟着红军走了。为什么？他说，红军是穷人的军队，是人民的军队，跟红军走不会错。马老参加过二万五千里长征，中华人民共和国成立后，先是在连城县当副县长，解甲归农后回古田八甲居住。八甲离我们生产队竹岭凹头 4 公里路，他带把镰刀就来义务劳动了。几十年来，他保持劳动本色，也没忘记军队的纪律，到我们村子里劳动还自带饭包。

1983 年夏，我参加闽赣作家访问团，沿红军二万五千里长征路线采访。

根据杨成武《忆长征》的回忆，我们在安顺场找到大渡河畔老船工帅士高。已是七月，他穿着粗布衣裳，袖筒和裤管半卷着，脚上布鞋有一只开了口，戴一顶褐色圆帽，左眼球有些浑浊，右眼窝空洞无物。我们副团长柳名理递上一根香烟，他双手毕恭毕敬接过去。他过于谦卑，我心里不是滋味。我们围坐在土屋天井旁的矮凳和木头上，听帅大伯讲半个世纪前那场永垂史册的战斗。那时川军已经烧毁绝大部分船只，有两艘船在对岸，此岸只留一艘船。正是这一条唯一的船，载着红军突破大渡河封锁。帅士高是这条船上八个英雄船工中的一个，他用平缓的口吻讲述那惊心动魄的一幕：船到河心，忽然不听使唤，被急流一推几十米，撞到礁石上，我们用手拼死撑着岩石。如果让船再滑下去，非被下流的漩涡吞掉不可。我们四个船工跳下浅滩，用背死顶着船，头破血流骨头咯咯响。另四个船工用竹篙拼命撑着。浪花劈头盖脸，子弹就在耳边飞，有人伤了，有人倒下了。在重火力掩护下，我们抢渡成功了。真难以想象，如果没有人民用肩顶用手撑用生命推动，中国革命之船能渡过汹涌澎湃的激流?

兰州皋兰山下，我们拜访《长征组歌》词作者肖华大将。当时他任兰州军区第一政委。我们想让他讲讲《长征组歌》歌词的创作过程，他笑了："那没什么好讲的。你们沿红军长征的路走，有没有想到，革命为什么能取得胜利?民心!长征经过的最艰苦的地方大多是少数民族地区，没有各兄弟民族的支持，就没有长征的胜利!……"

当年，甘肃的交通状况不太好，没有长途车到腊子口和哈达铺。肖政委派了一辆吉普车送我们去。哈达铺乡长和文化站长热情地接待我们，指着正在维修的一间房子说，那是当年的邮政代办所。那时，正是从这里获得敌人一张报纸，知道"陕北徐海东、刘志丹匪部活动猖獗"，红军才知道陕北还有块根据地，毛主席才决定向陕北进发。红军在哈达铺休整，从司令员到炊事员，每人发给一块大洋，口号是"大家要吃得好"。哈达铺当时的东西很便宜，一担菜只卖几角钱，十个鸡蛋一角钱，两角钱可以买一只鸡，两元钱可以买一只大肥羊，一头150斤重的猪也不过值七八元钱。哈达铺是回族群众聚居的地区，为此，中央军委特地颁发《回民地区守则》，规定不能擅入清真寺，不能随意借用回族群众的器皿，不能在回族房东家杀猪和吃猪肉。我们党和军队，时时关注的就是民心。民心是我们立于不败之地的根基。

军旗飘扬，至今90周年了。显而易见，人民军队之所以永立不败之地，是因为心中牢记人民。青山不老绿水长!

（摘自《人民日报》2017年6月12日）

# 我总是无法缓和自己的呼吸

尉克冰

## 1

二爷叫尉新泉，牺牲于 1948 年 4 月。那年，他 17 岁。

前段时间，我无意中发现了他的两本日记。一页又一页的纸，被时光打磨得斑斑驳驳，被岁月点染成了暗黄色。二爷就安睡在日记里，不曾离去。

真不敢相信，那些日记是二爷 10 岁时写的！单看那隽秀挺拔、飘逸灵动的毛笔小楷字体，就难以想象它们出自 10 岁少年之手。

我小心翼翼地翻阅着那一张张泛黄的宣纸。战乱是那个年代的音符，年幼的二爷，就是在硝烟滚滚和炮声隆隆中坚韧地求学。

二爷的日记，字字如泣如歌，落在我心头。

## 2

“现今，正在世界纷乱、国际惶荡的时候，物价腾贵，谋生艰难。我所在学校使用的笔墨纸砚，比别处价高。我手头钱缺乏，着实痛苦。为此，我少写些字。一天两张大楷，一张小楷。此外，一片纸也不能浪费。”穷人的孩子早当家，战乱中的孩子早成熟。

“我们做事，要立志向，养成忍耐的性格。好逸恶劳绝不会有什么成就。汉朝匡衡，凿壁借光，多么坚韧耐苦。现在，我们坐着杌子，在教室里，如果不好好读书，对得起家长吗?”一篇短短的日记，折射出二爷发奋读书的决心。

二爷生在农村，长在农村。农村的落后，民生的凋敝，他尽收眼底。他写道：“其实，农村生活是一种最辛苦，也是一种最愉快的生活。我们假使将农村组织进行改良，那么，农民自然安居故乡了。”

一个人，在苦难的生活中，关注的不是自己，而是劳苦大众，这个人就是道德高尚的人。二爷正是这样。他在日记中多次提到：“我要劝大地主们，你们不耕自食，还不发些慈悲，减轻些田租。”

国有内忧，更有外患。外邦入侵，山河破碎，满目疮痍。二爷心事凝重。

“国为公共的，不可不保。虽云保国，而需忠勇，还要同心。如此，国家何不安哉?”“两鸡斗时，四目对射，至死不退，非常勇敢。国家的兵若能如此，我国何能亡?”二爷既习文，也习武。他要练就一副强壮的体魄，驱赶外敌，报效祖国。每天，天还未亮，他就起床练功了。耍刀，舞枪，挥拳，弄棒，抓举石锁，练习跳跃本领。一米多高的平台，他双腿齐跳，纵身而上；两米宽的壕沟，他腾空而起，一跃而过。他结实健壮的身体里，积蓄着无限的能量。

可惜，他只是个孩子。尽管一腔郁郁如裂帛，但他只能饱蘸着忧伤的泪水，把孤独和愤懑写进自己内心深处。

冷酷绝情的时代，将二爷读书报国的美好梦想，一点一点，撕成碎片。

“光阴似水，不知不觉，我已读书三年了。我心实愿升学，可惜，家庭狭小，经济困难，父母不叫。我无奈何，只得安慰自己做商，发展吾国之工商业。”

1941 年冬季的一天，二爷上完了他的最后一堂课。那天晚上，二爷辗转反侧，夜不能寐。

## 3

1945 年 9 月，家乡解放，日本侵略者被彻底赶走了，全中国都在庆祝抗战的胜利。二爷高兴地在街上狂跑着，跳跃着，放着鞭炮，唱着歌儿。

那年，二爷 14 岁，经人介绍去了一家中药铺做小伙计，负责抓药。他个子小，够不着上面的药抽屉，就站在凳子上。可他做起工来，毫不逊色于大人。郎中的字多数写得龙飞凤舞，他也能辨认清楚。待到不忙的时候，他还能帮老板打理账目，噼里啪啦，打得一手好算盘。老板好生喜欢！

二爷心里也在打着算盘。他白天做工，夜晚用功。他在钻研《本草纲目》，他要学中医，过几年自己经营一家药铺。有了经济基础，他再开一家纺织厂。他要踏踏实实，朝着自己“发展吾国之工商业”的目标迈进。

可是，灾难一重接一重。赶走了日本人，又来了内战。

1947 年，解放军为攻取山西太原，进一步扩充兵员，从晋冀一带农村征兵。征兵名单里，有我爷爷，也就是二爷的大哥。

那一晚，二爷失眠了。

他做出了一个决定，替哥从军！大哥憨厚、木讷，自己精干、强健，更适合当兵。从小就有雄心壮志的二爷觉得，这也是实现理想、报效祖国的好机会。

那年，二爷年仅 16 岁。告别新婚的妻子，他毅然奔赴前线，成为十三纵队三十八旅旅直工兵连的一名战士。

硝烟弥漫的战场，点燃了他少年时期的梦想。他终于可以在炮火的洗礼下，做一名英勇无畏的战士了。他头脑机灵、精通武术、体魄强健，深受连队领导的赏识，每次战斗，他都被派到最前沿、最危险的阵地。

1948 年 3 月，部队从太原转战临汾。在这里，要打一场硬仗。他作为精兵，加入主攻行列。战士们在敌人的狂轰滥炸中奋勇前进，一个个倒在血泊中。

战斗持续了 20 多天，临汾城还是攻不下，双方死伤异常惨重。

敌机在阵地上空疯狂地扫射、投弹。弹片穿透了他的胸膛。血，汩汩地冒出来，顿时在他身体上盛开出一朵鲜红的花。可他依然用精神的伟力支撑着摇摇欲坠的身体，一次又一次站起来，直到最后一滴血流干，他轰然倒下！他还没有留下后代，战争的火焰就吞噬了他。

死亡，像一座黑暗的城堡，幽禁了一个又一个年轻而有朝气的生命。历经 72 天的苦战，临汾城终于被攻下了。解放军 1.5 万余名战士成了烈士，歼灭国军 2.5 万余人。

四万生命换取了临汾的解放。拼杀声、嘶喊声、轰炸声，交汇成一曲悲怆的挽歌，久久回荡在支离破碎的临汾城上空。

战士们的血氤氲成一道河流，将残阳和云朵染成殷红色，铺满西边的天空。突然，一阵狂风呼啸而来，漫卷着飞扬的尘沙，遮天蔽日。那声音，如怒吼，像呜咽，似悲吟，是在哀悼众多逝去的英魂吗？

一个人的苦难，或许容易改变，而一个时代的灾难，似乎注定了无法逃避，它需要无数生命为之殉葬。在战争面前，生命向来脆弱得如同蝼蚁，不堪一击。

就这样，年仅 17 岁的二爷，安静地睡去了，睡在数万战士中间。他的神情平静、安详。他知道，奔赴战场意味着什么。

## 4

二爷牺牲时年仅 17 岁。他的死和其他战友们的死，几乎没有什么不同。奋力拼杀，倒地身亡，被临时埋葬在荒坡野岭。坟头上，一个小小木牌就是他的身份证。接到阵亡通知书，爷爷赶到临汾，在新坟林立的山岭间找了三天三夜。挖开那堆黄土，二爷依旧安然地睡着。可他的身体，早已是千疮百孔。黑紫色的血，凝固在他的军装上。爷爷抚摸着弟弟冰冷的身体，大声呼唤着他的名字，痛哭不止。爷爷知道，是弟弟用他的死换取了自己的生！

爷爷赶着牛车，将二爷从山西接回了河北老家。沿途村庄的乡亲们得知车上躺着的是烈士，便自发为爷爷提供食宿，一程送到下一程，一村送到下一村，把二爷护送回乡。曾祖父和曾祖母在村口迎着儿子。盼星星，盼月亮，盼回的却是儿子冰冷的尸首。他们永远地失去了他们唯一的亲生骨肉（爷爷是养子）！

一个鲜活生命的凋零，换回一张薄薄的革命军人牺牲证明。

革命军人牺牲证明书

烈字第 0018486 号

尉新泉同志于一九四七年十月参加革命工作，在十三纵队卅八旅任战士。不幸于一九四八年四月十日在临汾战役中光荣牺牲。除由我军奠祭英灵外，特怀哀悼之情敬报贵家属，并望引荣节哀，持此证明书向河北内丘县人民政府领取抚恤金及革命牺牲军人家属光荣纪念证，其家属得享受烈属优待为荷。

中国人民解放军西南军区第二野战军

司令员贺龙

政治委员邓小平

一九五一年十二月卅一日

证明的背面，是表格，登记着二爷的基本情况。几十年过去了，这张由中国人民解放军西南军区政治部下发的牺牲证明书，已经被岁月侵蚀得破旧斑驳，静静地躺在老家的一方旧匣子里。

从 1951 年开始，曾祖父每月从政府领取 6 元钱的抚恤金，直到 1984 年曾祖父去世。

和以往牺牲在千百场战斗中的众多战士一样，二爷死得那样平凡普通，做了一颗通往新中国大道上的铺路石。

如今，二爷的身躯已化成一行细小的文字，躺在《内丘县志》烈士英名录中，默默无闻。他太年轻了，参军还不到半年，没有成为众人皆知的英雄。甚至，就连他的相貌我都不清楚。只听长辈们描述过他的样子，浓眉毛，大眼睛，白皮肤，高个子，敦实，英俊。时隔60余载，了解二爷的人大多已过世，二爷所留下的生活印迹都模糊成了断裂的只言片语！如今，二爷的遗物，就只有这张牺牲证明和两本日记了。

与那段苍老的岁月牵手，与那两本泛黄的日记牵手，我能感受到二爷剧烈跳动的心脏和奔流的血液，我能读懂他那颗愤懑而忧伤的心。在他面前，我永远都要仰望和跪拜。他用自己的生命捍卫了名誉和尊严。此刻，我又想起二爷的一篇日记《说名誉》：

“常说，名誉是人的第二生命。人有好名誉，比当富翁还好。财帛集在手中，死去一文不见，何如名誉好，名誉留在人间，就可以百年不朽。后世人传说起来，此人有益，真可做万世的模范呀。”

## 5

人，总会以不同的方式走向生命的尽头。有的人死去了，就意味着永世的寂灭。有的人死去了，却意味着一种永恒和超越。

瞬间与永恒没什么截然的界限。有的瞬间具有一种永恒的魅力，有的永恒凝结在一个短暂的瞬间。

面对这样一位先人，我总是无法缓和自己的呼吸，无法释放自己的惆怅和叹惋。

我相信，二爷的逝去便是一种超越。一种从生到死，从死到生的超越……

（摘自《读者》2012年第17期）

# 杨宪益：雕虫岁月与漏船载酒

蒋洪新

2009年是文学翻译的大悲之年。7月，英国大翻译家大卫·霍克斯病逝，11月23日，我国文学翻译界巨擘杨宪益先生仙逝。中国翻译协会在2009年9月17日，将“翻译文化终身成就奖”授予杨宪益，认为“他翻译的中国文学作品，译文准确、生动、典雅，从先秦文学到中国现当代文学，跨度之大、数量之多、质量之高、影响之深，中国翻译界无人能企及”。这个评语是中肯的。

杨宪益于1915年1月10日出生在天津的一个望族。他父亲是当时天津中国银行的行长，也是天津最富有的资本家。杨先生在他的英文自传 ***White Tiger***（《白虎星照命》，大陆译本《漏船载酒忆当年》）中说道，他母亲生他之前做了一个梦，梦见一只白虎跃入怀中，算命先生说这既是吉兆又是凶兆：这孩子长大后将会成就辉煌的事业，但他不会有同胞兄弟，他的出生还会危及他父亲的健康。果然，他是家中唯一的男孩，且他5岁时父亲就病逝了。经历坎坷人生之后，他以白虎星自嘲，颇有几分命运之缘。

他的一生富有戏剧性。尽管他父亲在他年幼时去世，但给家里留下了巨额财产。由于他是家中唯一的儿子，家人怕他遭绑架，所以在12岁前他不许出门上学。家里为他专门请了私塾先生。塾师教他学习儒家经典和重要的中国古代作品，并写旧体诗。当时新文化运动方兴未艾，在“打倒孔家店”的口号下，许多新式学校对儒学典籍与古文不那么重视，杨家为了儿子的安全，却让他得以饱读旧学经典，打下了坚实的国文基础。他十二三岁时，在生母的坚持下，终于进了英国教会办的天津新学书院。这所学校师资力量强大，校长哈特博士是剑桥大学毕业的。杨宪益先上了一年预科，然后在此读了6年。该校的大部分课程都采用英国课本，由英国人讲授。由于基础好、天赋高，他似乎没费多大力气就名列前茅。与此同时家里还为他请了一位家教，教他英文与数学。不料那位女教师冯太太恋上了这位比她小十二三岁的少爷学生。家里为了阻止这段不正常的恋情，决定提早送他出国。这个阶段，他还杂览了大量中西名作，从英文版的司各特、华兹华斯、雪莱、拜伦、格林兄弟、大仲马、安徒生、王尔德、儒勒·凡尔纳、史蒂文森、朱塞佩·马志尼等人的作品，到中国的老子、庄子、墨子、列子以及当时流行的黄遵宪的诗、康有为和梁启超的文。每个星期天，这位杨家少爷都要带着妹妹与仆人，浩浩荡荡上街买书。他功底扎实的中西学问，是练了童子功的。

到英国后，他便发奋学习拉丁文和希腊文，因为他决心考进英国最好的大学牛津大学。经过5个月的刻苦补习，他居然通过了牛津大学的希腊文和拉丁文笔试。可主考官在面试时发现，他5个月竟然通过了英国人通常需要准备七八年才能通过的考试，他不敢相信这位亚洲青年的本领，认为他仅是侥幸考过的，故以名额有限为由让他推迟一年才正式入学。

当年他乘船来英国，途经日本、美国和加拿大，那趟旅行让这位关在家里养大的少爷大开眼界。从1935年夏天到1936年春天这段时间，即他推迟上牛津大学的这段时间，他又趁机游历了欧洲和地中海沿岸的名胜古迹。这次游历更增长了他的见识。

“读万卷书，行万里路。”读书与游览总是相得益彰，青年时期有这两者的完美结合将会受用终生，而这些杨宪益在意气风发的年轻时代就享有了。

杨宪益在牛津当然读了许多好书，但他也不是整天泡图书馆的书虫。他兴趣广泛，大学期间积极参加各种活动。牛津的学术思想滋养了他热爱正义与自由的精神，当时日本入侵中国，他热心参加抗日宣传活动，组织中国学会扩大影响来打败日本学会在伦敦的影响，还办《抗日时报》与《再生》，为抗日宣传写剧本《平型关》《紫漠黄昏》。他在自传中写道：“从 1937 年夏末到 1938 年初春，我把大部分时间都用在抗日宣传工作上。我当然没有时间准备荣誉学位的初试。当时我对从事学术工作已经完全失去了兴趣，我知道回到中国我不会有机会过平静的书斋生活。我是中国人，我知道自己必须回去为中国效力。如果我放弃中国国籍，留在国外，我将对自己的行为感到十分羞耻。”

杨宪益在牛津还结识了一大批品学兼优的中外师友，如他与他的英文导师爱得蒙德·布伦顿成为好友，他们经常在一起边喝酒边谈学问。布伦顿鼓励他对诗歌的爱好。此时他已经读了许多英国诗，在读英国诗的过程中，他想到将中国著名的长诗《离骚》译成英文。他在自传中说：“我用英国的英雄偶句体形式来译《离骚》，出于兴趣我模仿了德莱顿的风格，对此我自己很得意。这是我第一次把中国古典文学翻译成英文。后来在中华人民共和国成立后的 50 年代初，我的这部译作在北京外文出版社出版了。”杨宪益对这部译作很看重，这是他的第一部重要译作，也是他向他的老师布伦顿和西方世界展示中国文化的重要成果。中华人民共和国成立后，有一次周恩来总理陪同毛泽东主席接见杨宪益，周总理介绍说杨宪益是一位翻译家，已经把《离骚》译成英文。毛主席与他握手说：“你觉得《离骚》能够翻译吗？”“主席，谅必所有的文学作品都是可以翻译的吧。”他不假思索地回答。从这里可以看出杨宪益的翻译主张，他一生译过的文学作品有几十种之多，其中有诗歌、散文和小说，还有历史名作。

杨宪益在牛津最重要的收获莫过于爱情。他在自传中提到，在埃及的金字塔旅游时，有位占卜师预测，不久的将来有位美丽的英国女孩等待他，他们将会有异乎寻常的经历。果然，经朋友介绍，他认识了一位名叫格莱迪斯·玛格丽特·泰勒的美丽英国女孩。相识后他们深深爱上了，此后她有了一个中国名字戴乃迭。他们从牛津毕业后，这位姑娘跟着杨宪益回到中国，并与他结婚生子，饱经各种困苦，甚至在“文革”时坐牢。杨宪益的翻译成果大多是与她合作而成，这段中西合璧的传奇婚姻也成就了中外翻译史上的传奇佳话。他们有60年忠贞不渝的爱情。戴乃迭在1999年11月去世，杨宪益写下满怀深情的悼亡诗：“早期比翼赴幽冥，不料中途失健翎。结发糟糠贫贱惯，陷身囹圄死生轻。青春作伴多成鬼，白首同归我负卿。天若有情天亦老，从来银汉隔双星。”

1994年末，杨宪益给自己撰写了一副挽联：“少时了了，大未必佳；中年昏昏，老而无耻。”并附上自己的注解：此是近年自撰挽联，然近百年过渡时期中国知识分子大抵如是，此亦时运使然，不足为怪也。故陶诗云：“天运苟如此，且尽杯中物。”这是他对自己的谦虚评语，也是饱经沧桑之后对世事的嘲弄。然而纵观他的一生，无论世事多么艰难，命运对他多么不公，他始终保持着对祖国的热爱以及知识分子的责任感。在牛津做学生时，为抗日宣传出钱出力；从牛津毕业后，国内正值抗战，他已与戴乃迭恋爱，本可以申请留英，后来又收到哈佛大学来信要他到哈佛做助教，还可以继续他的古典学术研究，可他还是回绝了，毅然带着他的英国爱人，穿越德军封锁线以及日军检查，回到战火纷飞的中国；中华人民共和国成立前夕，国民党的教育部部长要他一家人跟他乘坐同一班飞机走，但他拒绝了；在朝鲜战争时期，他一家倾其所有为国家买飞机，为了凑足4万元，竟然将戴乃迭结婚时的戒指等婚饰都卖了；即便他与戴乃迭在“文革”期间受冤枉被关进监狱4年，儿子受牵连精神失常自杀，他也没有因此对国家失去信心。他的好友、著名诗人邵燕祥说：“杨宪益的学问融入了他全部的教养，他平时待人从不疾言厉色。但另一方面他又很有风骨。他从中国传统文化中获得了精神、风骨、节操；浸润西方文化多年，他得到了自由、平等、创造的真谛。”

（摘自《读者》2010年第13期）

# 我所瞩望的好教育

蒋梦麟

蒋梦麟先生（1886—1964），哥伦比亚大学博士，中国现代史上著名的教育家，中国第一位现代意义上的教育部长，也是北京大学历史上任职时间最长的校长。这篇文章节选自蒋梦麟先生20世纪20年代在上海的一次讲演。将近一个世纪后读来，依旧不无启迪。

## 1

我们以前听了俾斯麦说，德国的强盛，是小学教育的成功。所以我们也来办小学，以为小学堂办了几千个，中国就强了。后来听说日本强盛，也从小学教育得来，所以我们大家都信小学教育，好像一瓶万应如意油，一粒百病消散丸，灵验无比，吃了就百病消除。小学学生现在有千万了，哪知道社会腐败，比以前一样，国势衰弱，比以前一样，这是什么缘故呢？

是因为教育根本思想的谬误。

我常常听见人说，学生是中国的主人翁，若是学生是中国的主人翁，那谁是中国的奴隶呢？教育不是养成主人翁的。又有人说，教育是救国的方法，所以要小学生知道中国的危险，激发他们的爱国心；痛哭流涕地对小学生说，中国要亡了，这般天真烂漫的小学生，也不知道中国是什么，只听得大人说“不好了”“要亡了”这些话，也就悲哀起了；弄得正在萌芽、生气勃勃的小孩子，变成枯落的秋草！

“主人翁”“枯落的秋草”两件东西，可算是我国办教育的出产品。

我们向来的教育宗旨，本来是养成主人翁的。俗话说，“秀才，宰相之根苗”。向来最普通的小学教科书《神童诗》说：“朝为田舍郎，暮登天子堂。”我们又常常说，“范文正为秀才时，即以天下为己任”。个个秀才都要做宰相，个个田舍郎都想登天子堂，你看哪里有这许多位置呢？

我们向来读书的宗旨，却是要把活泼的人，做成枯落的秋草。科举的功效，读书的结果，把有用的人都变成了书呆子，这不像枯落的秋草么？

大学讲修身、齐家、治国、平天下，是中国教育的宗旨。到了后来，“规行矩步”“束身自好”算修身；“父为子纲”“夫为妇纲”“三从四德”等等算齐家；愚民的“仁政”算治国。你看身哪里能修，家哪里能齐，国哪里能治呢？

现在要讲修身，要养成活泼的个人；要讲齐家，要夫妇平等，爸爸不要把儿子视作附属品，儿子不要把爸爸做子孙的牛马；要讲治国，先要打破“牧民”政策，采用民治主义。

并要把个人和家的关系改变过来，创造一个进化的社会来，个人是社会的分子，不是单在家庭之中，做父亲的儿子，儿子的父亲，母亲的女儿，女儿的母亲，老婆的丈夫，丈夫的妻子，把家庭国家，认作社会的两个机关，来发展个人和社会的幸福，不要用家庭国家来吞没个人，毁坏社会。

我们讲教育的，要把教育的出产品，明明白白定个标准。预定要产什么物品，然后来造一个一个制造厂。不要拿一架机器，就随随便便地造物品。据我个人的观念，我们以前所产的“主人翁”“枯草”，和所产的宰相圣贤，都是不对的。我们所要的物品，是须具有三个条件的人。

## 2

首先，我们要造就活泼的个人。

一个小孩子，本来就是活泼的，他会笑，会跳，会跑，会玩耍。近山就会上山采花捕蝶；近水就会去捞水草，拾贝壳，捕小鱼；近田就会去捕蝗虫、青蛙。他对于环境，有很多兴趣。他的手耐不住地摸这个，玩那个；脚耐不住地要跑到这里，奔到那里，眼耐不住地要瞧这个，看那个；口关不住地要说这样、那样；你看如何活泼。

我们办学校的，偏要把他捉将起来，关在无山、无水、无花、无鸟的学校里；把他的手脚绑起来，使他坐在椅子上不能动；把他的眼遮起来，使他看不出四面关住的一个课堂以外；要他的口来念“天地玄黄，宇宙洪荒”，“人之初，性本善”，种种没有意义的句子。现在改了“一只狗”“一只猫”“哥哥读书，妹妹写字”这些话，就算是新式教科书了。

还有讲历史的时候，说什么“黄帝战蚩尤”这些话，小孩子本不识谁是黄帝，更不识谁是蚩尤。孩子听了，好像火星里打来一个电报。还有叫他唱“陀，来，米，发，索，拉，西”的歌，叫他听“咿唎呜噜”响的风琴，不如小孩儿素来所唱的“萤火虫，夜夜红，给我做盏小灯笼”好得多。25 块钱的坏风琴，不如几毛钱的笛和胡琴好得多。

小儿的生长，要靠着在适当环境里活动。现在我们把他送入“监牢”里束缚起来，他们如何能生长？

德国人福禄贝儿创教养儿童自然的法儿，他设了一个学校，用各种方法，使儿童自然生长。他不知道这学校叫作什么，一日他在山中游玩，看见许多花木，都发达得了不得，他就叫他的学校做幼稚园。幼稚园的意思就是“儿童的花园”，后来哪知道渐渐变为“儿童的监狱”。我们把儿童拉到学校里来，只想他们得到知识，忘记了他是活泼的一个孩子。

无论在小学里，或在中学里，我们要认定学生本来就是活的，他们的体力、脑力、官觉、感情，自一天一天地发展。不要用死书来把他们的生长力压住。我们都知道现在中学卒业的学生，眼多近视了，背多曲了。学级进一年，生气也减一年。我们不需要这样教育的出产品！

## 3

我们要造就能改良社会的个人。

一个人生在世上，终逃不了社会，所以社会良不良，和个人的幸福很有关系。若只知把个人发展，忘却了社会，个人的幸福也不能存在。

在中国办学的一个难处，就是社会腐败。这腐败社会的恶习，多少终带入学校里来。所以学校里的团体，终免不了社会上一种流行的恶习。学校是社会的镜子，在这镜子里面瞧一瞧，可以见得社会上的几分恶现象。不过学校里的生活，终会比社会上高一层，所以学生可以有改良社会的一个机会。

普通父母送子弟入学的用意，是有两种希望。一种是为家庭增资产：以为“我的儿子”入了学校，念了书，将来可以立身，为家庭增一个有用的分子；一种是为国家求富强，以为“我的儿子”求了学，将来可以为“拯世救民”的人才。

而好的学校宗旨，是在养成良好的社会分子，为社会求进化。社会怎样才进化？个人怎样参加谋社会进化的运动呢？这两个问题是学校应该问的。

我想，要学生将来参加改良社会的运动，要从参加改良学校社会的运动做起。我讲到此处，不得不提起学生自治的问题了。

学生自治，是养成青年各个的能力，来改良学校社会。他们是以社会分子的资格，来改良社会，大家互助，来去社会的进化。不是治人，不是做主人翁，是自治，是服务。有人说学生在自治会里自己捣乱，所以自治是不行的。我想自治会里边起冲突，是不能免的，这是一定要经历的阶段。况且，与其在学校里无自治，将来在社会上捣乱，不如在学校中经历这个实验，花比较少的费用。

## 4

我们要造就能生产的人。

以前的教育，讲救国，讲做中国的主人翁，讲济世救民。最好的结果，不过养成迷信“牧民”政策的人才。不好的结果，自己做了主人翁，把国家当作奴隶；不来救国，来卖国；不来济世救民，来鱼肉百姓；到了后来，“只准州官放火，不许百姓点灯”。

今后的教育，要讲生产，要讲服务，要知道劳工神圣。为什么要讲劳工神圣呢？因为社会的生产都靠着各个人劳力的结果，各个人能劳动，社会生产自然就丰富了；假如大多数的人都是“四体不勤，五谷不分”，社会怎么能生存呢？

又如杜威先生说，希腊文化很发达，科学的思想也很发达，何以希腊没有物质科学家呢？何以物质科学到19世纪才发展起来呢？因为希腊人瞧不起做工的人。瞧不起做工，就不会做实验；不会做实验就没有物质科学家了。

我们中国，素来把政治、道德两样合起来，做立国的中心。我们的学校，也不外政治道德四个字。几千年来的教育宗旨，都是一个“拯世救民”的仁政主义，“牧民”政策：今天以百姓当羊来牧他，明天羊肥了，就来吃他，你看中国几千年的“一治一乱”，不是羊瘪牧羊、羊肥吃羊的后果么？

现在我们假设百姓是羊，我们要羊自己有能力来寻草吃，不要人来牧；那么羊虽肥，不怕人来吃他的肉。这是讲句笑话罢了，我们哪里可当百姓做羊？百姓都是活泼的人。我们把百姓的能力增高起来，使他们有独立生产力，哪要人来施仁政，来牧他们？

要能独立生产，要先会工作，要知道劳工神圣。美国教员联合会现在已加入劳动联合会。这使全国教师承认教书也是一种劳工。凡有一种职业，为社会生产的，都是劳工。劳心劳力，是一样的。“劳心者役人，劳力者役于人”，这两句话，是在有分阶级的意思在里面，未免把劳力的人看得太轻了。

把以上的话总括说一句，教育要定出产品的标准，这就是标准：活泼的、能改良社会的、能生产的个人。这就是我所瞩望的中国教育的未来。

（摘自微信公众号“中国好学者”）

# 要有“一根筋”

俞可平

**说起“一根筋”，通常表示“死脑筋”，似乎是贬义的，但一根筋也不见得一定是坏事。我倒认为一个人也好，一所学校也好，经常需要这种“一根筋”的精神。在我的心目中，一直有一根北大的“筋”。我所认可的北大这“一根筋”，就是对知识与学问的尊重，以及自由与宽容的氛围。**

我的导师赵宝煦教授，就有这样的一根筋。赵先生是在西南联大学生时代参加革命的老党员，有资深的政治资历。在我从学于他期间，上级曾任命他为中央社会主义学院副院长。这算是一个不小的官职，但没有干多长时间他便辞职回校了。他说，那里的一些领导对学问和知识极不尊重，惹不起但还躲得起，这个副院长不干也罢。“一根筋”一发作，他便义无反顾地回来了。

赵宝煦先生的老师、西南联大时任政治学系主任的著名政治学家张奚若先生身上，也有这样一根筋。赵先生对我说过，他记得张奚若先生有一次在学生迎新会上这样说：人家说政治系是升官系，经济系是发财系，你要是想升官到我这儿来，我告诉你，你走错了门。我只能教给你一个读书和研究的方法。

赵宝煦先生和张奚若先生身上的这一根筋，最终来源于北大的老校长蔡元培先生。蔡元培先生在1917年就任北大校长的演说中提出："大学者，研究高深学问者也。"在1918年北京大学的开学演说词中，他又重申，"大学为纯粹研究学问之机关"，"学者当有研究学问之兴趣，尤当养成学问家之人格"。

大学是研究学问、传授知识的地方，它培养社会的各种专业人才，最大的财富是学问而不是金钱，最应受尊重的也是学识而不是官位。大学要是没有学问这根筋，那就跟企业和机关没有区别了，就枉为大学；老师要是没有学问这根筋，就枉为学者；学生要是失去学问这根筋，就枉为学生了。

北大的这种"一根筋"不是不宽容，更不是不通情理。我所熟悉的这些有着"一根筋"的师辈们，恰恰无一例外都是温良恭俭让的谦谦君子，宽容有余，威厉不足。例如，当时我做的博士论文题目是《当代中国政治的分析框架》，这个题目即使现在，恐怕许多导师也不会同意。但赵宝煦先生，以及当时其他指导老师张汉清先生、陈哲夫先生、李景鹏先生不仅宽容我的选择，而且包容我在当时（20世纪80年代）属于"离经叛道"的一些观点。

宽容就是尊重和包容不同的观点、不同的选择，它自古以来就是一种美德。蔡元培校长当年以"思想自由，兼容并包"的方针治校，造就了北大的无比辉煌，留下了千古美名。"思想自由"是一种政治环境，是民主政治的基本条件。"兼容并包"则是一种政治道德，也是一种崇高的境界。没有思想自由，就没有人类的创造性；没有兼容并包，就没有人类文明的进步。"思想自由，兼容并包"不仅关系到学术的繁荣，也关系到民族的复兴。坚守和维护"思想自由，兼容并包"，不仅是我们北大人的职责，也是全社会的责任。

大学是切磋学问的地方，要有一种"学问面前人人平等"的精神，不能有机关中那些"传达、学习、表态"般的形式主义和"等级、命令、服从"式的官僚主义。我在北大国政系就读期间，赵宝煦、李景鹏诸位先生都做过系主任或副主任，但当时我们都不叫他们为“赵主任”“李主任”，背后甚至常常对他们“宝煦”“景鹏”地直呼其名。是对这些老师不尊重吗？当然不是，是发自内心的尊重，外加平等和亲切。

学术平等的实质，是对学问和知识的尊重。一个具有深刻学术平等精神的学者，即使社会地位很高，也同样会平等对待每一个人，尊重每一种学问。我的前任、全国政协原副主席罗豪才老师，有一次托我找中央编译局一位年轻译者，帮他将其论文翻译成俄文。因为翻译很出色，罗老师执意要请那位译者吃饭以示感谢。那位译者对我说，他做梦都没有想到，一名副国级领导人会为了这点小事请他吃饭。

我这里所说的“尊重知识”“学问至上”这根北大之筋，其实与“思想自由，兼容并包”，以及“民主”“科学”的北大精神完全相通。北大的这种精神，是中华民族现代精神的集中体现。这不仅是我们北大人的骄傲，也是我们中华民族的骄傲。没有民主、科学、自由和宽容，北大就不成其为北大，中华民族也就失去了现代化的灵魂。接续这个筋，是我们所有北大人的使命，尤其是你们年轻学子的责任。

**（本文是俞可平教授在“百廿年不忘初心，新时代砥砺前行”北京大学第二届“研究生学术文化节”上的演讲摘要。）**

（摘自微信公众号“中国好学者”）

# 解放战争启示录

王树增

重庆谈判的时候，国共两党领袖的口袋里都有一个清单。

当时正值抗日战争刚结束，蒋介石的个人声望达到了顶点，而国民党国民政府的威望、军事力量也达到了高峰，军队总人数接近 500 万。国民党军队中最强的就是陆军，陆军主力部队的装备和当时反法西斯战场上的盟军是一样的，就连士兵的鞋带都和美军的一样，更不要说武器了——轻武器都是盟军装备，重炮都是美式榴弹炮。

而那时毛泽东主席兜里也有个清单，是刘少奇从延安发过来的，当作谈判的一个筹码。

这个清单上写着的军队总人数是 127 万。其实，我认为这个数字大大地有水分。当时我们的正规部队可以计算出来——抗战期间八路军有 3 个师，新四军基本上没有了，哪里来的 127 万人？只能是算上民兵了。但最重要的还不是人数，而是武器。我们最好的主力部队装备就是步枪，部队的火炮就是缴获的日本山炮。而我们的民兵甚至还停留在冷兵器时代，手持大刀就上战场。

近年来我到台湾访问，突然发现一个问题：台湾的一些学者，甚至蒋介石的高级将领以及他们的后代，总有这样一个疑问：不知道从 1947 年到 1949 年间到底发生了什么事情？怎么国民党好好的一个政权就没有了？坍塌得太迅速了！

## 一

蒋介石在 1948 年 8 月的一个军事检讨会议上曾说：“现在我们大多数高级将领精神堕落、生活腐化，革命的信心根本动摇，责任观念完全消失。尤其使我痛心的是，这几年来有许多受我耳提面命的高级将领被捕受屈而不能慷慨成仁，许多下级官兵被‘匪军’俘虏，编入‘匪部’来残杀自己，而不能相机反正。这真是我们革命军有史以来前所未有的奇耻大辱。”这是蒋介石的原话。

国民党相当一部分高级将领，在抗日战争期间为民族做出了贡献，他们是能打仗、誓死不屈的，这样的例子有很多。但是在解放战争中，被我们的普通战士，甚至是民兵摁在地上活捉的国民党高级将领，少将级别以上的就有 260 多人。许多有名有姓的抗战名将就这么被我们生俘了，包括杜聿明、黄维等人。还有很多高级将领不是在战场上被俘虏的，而是逃出了战场，已经走出一两百里地后，被我们的民兵抓住的。

解放战争打到中后期，许多国民党的将士都开始疑惑，自己究竟是为什么而战。战斗中，共产党每场打下来伤亡都很大，但是越打人越多，渡江战役时共产党的军队达到了 400 多万人。

我查了一下渡江战役的详细部队构成，发现其中相当一部分连队百分之七八十是“解放战士”。什么叫解放战士？就是国民党俘虏，甚至有的连的干部、指挥员都是“解放战士”充当的。

最有意思的例子发生在辽沈战役。第一战打廖耀湘，在野地里俘虏了国民党士兵 17 万人。这是第一场大规模决战，第一次抓那么多人，共产党的政工干部都不知道如何是好。

按照政工条例，抓了俘虏是要甄别的。但是 17 万人怎么甄别?

最后没有办法，就在野地里拿松树条搭了一个门，上面贴了三个字“解放门”，愿意跟着共产党部队参军的，从这个门走过去，不愿意的从门边上走，给两块大洋的路费，让他回家种地去——家里分地了。

最后，有三分之二的国民党士兵从门里面走过来。我们的政工干部就在门边握手欢迎。

## 二

解放战争胜利的另一个重要原因在于土地改革。

我查到当时土改的一份文件，很惊讶。其中有一个条款很有意思，是这样写的：“在分土地的时候，如果本村有在国民党军队服役的官兵家人，一视同仁，一样分地。”

当时常常有这样的情况：国民党军队被包围，包围圈里没吃没喝，共产党就拿大喇叭喊话。他们的长官最害怕我们喊两个内容：第一是“赶紧过来吧，这边有肉包子”。因为他们的食物只能靠空投，一围就是一个月，饿得慌。而共产党这边确实有肉包子，是老百姓给的，这香味抵挡不了。第二就是“兄弟赶紧过来吧，回家吧，你们家分地了”。后者更不可抗拒，造成国民党军队成建制地往这边投诚。

信仰并不是抽象的词，它是很具体的。坚信自己做的是正义的事业，坚信民族能够得到解放、繁荣，坚信自己能为此贡献自己的一生，这就是信仰。

尽管现在的一些年轻人以标榜自己什么都不信为时髦，但我还是想说，我没见过哪个真正成功的人，心里是没有信仰的!

## 三

在 1945 年抗战胜利之后，一股不可遏制的腐败浪潮迅速席卷了国民党全党。后来蒋介石到了台湾总结自己为什么失败，他还说："我们失败就失败在'接收'二字。"

当时全国上下约有 2300 多个接收委员会。抗战胜利之后，国民党的军政大员大发"国难财"，打着"接收"的旗号，把土地、矿山等国家财产都拿来中饱私囊。虽然国民党重新开始了作为执政党的统治，但是内部的腐败已经不可遏制。

淮海战役第一阶段时，海州的司令官是李延年。国防部让李延年带着海州部队和野战军沿着陇海铁路赶紧向徐州收缩，但这一行动要冒极大的危险，因为陈粟大军就压在陇海铁路北边，所以决不能让对手事先知道。

因此，对这次行动，国民党内部的保密工作做得很严格。严到什么程度？第二天就要出发了，头一天司令官还不知道。

出发前一天晚上，李延年正要睡觉，突然有一个老百姓敲门进来，对他说："李司令啊，你千万不能走啊！你要走也不能自己走，要带着我啊！"李延年当时对他说："校长让我们死守海州，我能上哪里去？"

但事后觉得不对劲，他赶紧给南京方面打电话，才知道果然如此，命令天亮就到，赶紧行动。

李延年晚年的回忆录中有这样一句话："国民党不败才奇怪了！"

对此，李延年很愤怒。他作为战区司令都不知道有军事变动，这个老百姓如何得知这么大的军事秘密？

后来经过查证，那人并非普通老百姓，而是徐州剿总司令刘峙在海州的代理人，做的是海盐生意。军队转移的秘密，必然是刘峙透露给他的。刘峙清楚地知道这个军事行动会导致什么样的后果，但还是宁肯不告知战区司令员，也要先通知自己的生意代理人，以免遭受财产损失。

## 四

杜聿明认为，此事万万不可事先被陈粟知道，这事关生死存亡。所以，第二天部队就要撤走，前一天晚上还在唱戏，假说是给杜聿明的母亲过寿，以此来迷惑敌军。

实际上，共产党早已侦知此事。那天晚上，杜聿明只发了一道命令给徐州的警备司令，要求当晚查封在徐州银行和钱庄的金库，因为里面有一些黄金需要运走。但是没过多久，警备司令就回来报告说："别说金库，所有钱庄的经理和掌柜连家属，在三天前就已全部离开徐州。"后来，杜聿明在回忆录里写道："看来我们是已经没有希望了。"

实际上，只有一群人能事先通知徐州银行家撤走，就是南京的国防部高官。他们很多人在徐州有生意，风声就从最高层泄露出去了。这样的事情比比皆是。

后来，杜聿明率兵刚走了一天，就被共产党的军队包围了。

## 五

不过再往深层次看，这样的腐败问题还只是表象，最大的问题是国民党党心的分裂，具体表现为派系斗争。

什么是派系？派系就是私利集团。作为政治集团来说这是最大的腐败。整天喊着党国利益高于一切，实际上是私利高于一切。

陈粟打孟良崮，承受了很大的压力。尽管共产党军队围住了孟良崮，但是共产党的包围圈外围还有一个国民党的包围圈，至少有五个国军整编师在反包围。共产党军队两面作战，久攻不下，如果再耽误下去，就必须立即撤出战场。但撤出战场意味着什么？丧失山东解放区。这必将严重影响到解放战争的进程。

打到最后，最内圈的张灵甫扛不住了。他一直请求外部的国民党军队支援，但电报发了好几天都没有得到任何支援。外围的国民党整编师近在咫尺，最近的黄百韬的一个师离陈粟军队只有三华里，用重炮都可以交叉射击了。但黄部就是不去支援，只说“打不动了”。

黄百韬军队里人员很杂，川、贵、滇军都有，还有许多杂牌军。当时他们就是抱着一个想法：“我们凭什么去救你们中央军？”而且黄百韬当时说了一句话：“听说张（灵甫）的情况不妙。不过，他不是挺有办法的吗？”

于是黄百韬谎报军情，不战反退。性格倔强的张灵甫最后只好发了这样一封电报：“各位兄弟赶紧增援，我这边顶不住了！”结果他收到的回电竟然一律是：“我们请张军长增援！”张灵甫拿着电报就蒙了，到底是谁被包围了？谁增援谁？

张灵甫临死前有一句名言：“我终于弄明白了我们军队内部的游戏规则，我没有掌握好。”

## 六

在解放战争中，共产党为老百姓做的最具体的一件事就是解决了土地问题。这一举措使得大量普通百姓信任共产党，愿意跟党走。

解放战争中，我们不需要后勤部，后勤部就是老百姓；我们没有野战医院，野战医院就是大娘的炕头。

在国民党统治末期，他们彻底失去民心，被老百姓抛弃了。当时，国民党的行军日志上永远有一句话：“不得进村宿营。”这和共产党刚好相反。共产党的部队离村还有好几里地，孩子们就来迎接了。油灯点上，大娘将热水烧好。百姓的炕头就是营房，很安全。

淮海战役时，常常是被围住的国民党集团军那边，到了晚上一片漆黑，什么亮光也没有，而包围圈外围全是火把。那是周边的数个省——江苏、河南、山东，约 590 万老百姓推着小车、担着担子从小路走，连夜支前。如果从飞机上看，那是何等壮观的情景？世界上再没有一支军队可以享受那么强大的后勤支援。

我常常阅读过去的史料并采访一些老人家。其中一位老人告诉我，他当时参加支前大军，推着小车，车上装着两发炮弹，从山东推到淮海战场，推了三四百里，半路上天一下雨，怕炮弹受潮打不响，他就把衣服脱下来盖在炮弹上。运到淮海战场后，组织上给他发钱，让他赶紧回家，但他并不急着回去，一定要在旁边看着炮弹打出去了才放心。

而国民党军那边呢，士兵中有一句顺口溜："此处不留爷，自有留爷处。处处不留爷，爷去投八路。"

## 七

解放战争中，我们俘虏的国民党高官，基本上后面都站着一个副官，这个副官是誓死不逃的，也不需要看押。

比如我们将杜聿明押到哪儿，副官就跟到哪儿。副官永远提着一个小柳叶箱，里面统统只有一样东西，就是金条。但如果是共产党的将领、干部在战场上牺牲了，整理他们的遗物最简单不过，没有私人财产，只有两个兜：一个兜里是笔记本，或者是一支钢笔；另一个兜里是烟叶和一支短杆的烟袋锅。

我为写作而采访过一些经历了淮海战役的老百姓，他们至今仍惦念着一位名叫鲁瑞的共产党干部。鲁瑞是一位知识分子入伍的中级干部，能说会道，梳着分头，很有风度，大家都喜欢他。他当军事干部的时候身先士卒，打仗勇敢，可是在淮海战役的最后一仗时牺牲了。把他抬下来之后，整理遗物，除了发现笔记本、烟叶，还有一副扑克牌。这副扑克牌现在还在博物馆里，是他自己用硬纸板做的，梅花、方块都是拿萝卜当模子抠出来印上的。在其中的一张上有几行钢笔字："我是淮海人，我要在淮海战役中贡献自己的一切。"

在解放战争中，毛泽东曾为佳县县委题词"站在大多数劳动人民的一面"。这其中也隐藏着一段艰苦的岁月。

当时西北战场非常艰苦，但是佳县是必须要打下来的，因为这是胡宗南深入解放区的一根"钉子"。

毛泽东亲自为西北野战军筹粮，他找到佳县当时的县长说："我准备打三天仗，将佳县拿下来，但是你要给我想办法筹来三天的粮食。"于是，县长把老百姓的口粮和所有坚壁清野找到的粮食拿出来，供军队吃了一天；第二天，又把田里的所有青苗都割了，供军队维持了一天；最后一天，把村里的羊和驴都杀了，又维持了一天。老百姓相信共产党，把粮食都给了部队，自己只能吃"观音土"。最后一天，佳县被打下来了。

直到现在，《佳县县志》里还有这样一句话："此役之后，佳县全县三年不见羊和驴。"我觉得，解放战争给我们最大的启示，就是共产党人始终要站在大多数人的利益一边。

（摘自《读者》2011年第13期）

# 人生的正常与非常

张鸣跃

他，1925年出生，1947年参军。朴素憨厚的他，投身革命队伍的心愿十分单纯：为穷人打天下的队伍是好队伍，穷人坐了天下才能好好种地过好日子。他愿意做这支好队伍里的一个好兵，为穷人战死也心甘情愿。

他成了解放战争中一名传奇勇士，加入敢死队，怒吼着推起装满炸药的独轮车，炸飞敌军的城门；扛起十公斤重的炸药包，扑向敌军的机枪口，炸掉敌人的碉堡；攻坚战中他浑身是血、吼啸不息，有的敌兵是在惊呆中被他砍掉了头的，那次恶战中他一人杀敌近百；入党，二等功、一等功、特等功、战斗英雄……勋章一个接一个挂在了胸前。

中华人民共和国成立后，他做的第一件事是把所有的勋章都取下来、包起来，深锁秘藏，他只愿做建设兵团的普通一兵。

1956年，他转业到地方，仍是坚决做普通一兵，必须填写的各种档案表格中，他从来只写“解放军战士”和“共产党党员”两项，一切功勋和官职统统不提。

1962年，国家困难时期，他干脆放弃了工资待遇和干部身份，坚决回老家种地。这让大家难以理解，时过数年，组织上还是派人去乡下找他，劝他回原单位享受应有的待遇，他大笑：“不用了，我本来就是农民，当初革命不就是为了好好地做一个农民？有什么大惊小怪的？”

农民都很穷，他们全家6口挤在一间20平方米的破屋里。他对全体乡民说：“我就不信，改变贫穷比打仗攻山头还难！”

于是，他又成了黄土地上的一员猛将，学技术攻科学，担任稻改大队长和技术员，带领村民挖水渠，引河水，把村里的盐碱地改良为稻田，日日夜夜苦拼在田里和实验室里，很少回家。

很快，他成了村民的大救星，从观望到拥戴，他不得不连连“升官”，从技术员到党支部书记，在这黄土地上官做到最大时，盐碱地变良田，贫困村变富村的大工程也大获成功。这时，有人说他该有个幸福安乐的晚年了，没想到，他又坚决辞官，阻力很大，大家都不允许有功之人最终一无所有，他就一步一步地退，数年过去，他又退回了原地，党支部书记、村主任、生产队长、技术员、普通农民！他还是破房一间，一无所有！

日子穷到妻子回家也要借钱买车票，“功名”淡化到现在孩子们根本不知道他姓甚名谁，本村的娃娃们听老人提起他的惊天功勋时，都疑惑地尖叫：“是真的吗？”“开玩笑吧！”几十年来，几十次“老干部优抚对象普查”竟也慢慢淡忘了这位老人，因为他的辉煌历史始终没有任何记载！2009年，县民政局开展“追忆英模”活动，有人想起了这位老人，跑到家里去主动收集“英模资料”，老人笑着，还是只有两句：“解放军战士”“共产党党员”！领导只好主动问起“生活困难”，老人说：“那就不用问我了，比我困难的人还有的是！”

2011年，组织上强行给这位老人做了一次全面的健康检查，并安排他在医院职工食堂免费吃了一顿饭，老人听说一份套餐要15块钱，吓了一跳，坚决让女儿掏钱：“这么贵，这是公家的饭，必须掏钱！”老人看见饭桌上有人掉下的米粒，就叹惜着，伸出颤抖的手，一粒一粒捡起来送入口中。旁边有人掩口厌恶，有人摇头苦笑，有人嫌脏走得远远的。没人知道这位老人的功勋有多大！

也就在2011年，这位已经87岁的老人忽然间被热炒起来，从电视到网络，铺天盖地——“感动中国人物”李文祥！

秘藏了大半生的一枚枚军功章也被陈列出来了，有人反复问老人：“为什么要把这些军功章隐藏几十年？”

老人觉得这话问得很荒诞，当初他参军不是为了什么军功牌牌，只为解放军是解放天下穷人的，共产党是为天下穷人谋福利的，要说功勋，也是最该给那些战死的千千万万烈士的，已经解放了，还活着的他要那些牌牌做什么？

有多少人不正是一路高举着李文祥说的那些“牌牌”步步高升，步步演变？正是这种心照不宣的“群体正常，才让李文祥成了惊世骇俗的非常！”

（摘自《读者·乡土人文版》2012年第7期）

# 这个中国女人

小　左

何泽慧出生于堪称簪缨世家的名门望族，清朝不到300年，这个家族出过15名进士、29名举人，山西人讲话，“无何不开科”。

如今苏州的网师园，曾是何家私宅，正是何泽慧及其家人无私地把它捐赠给国家。

何泽慧的8个兄弟姐妹中，共出了4位著名的物理学家、一位植物学家、一位医学家。

何泽慧自小聪慧，当年清华物理系招生，她是唯一的“女状元”。

她后来回忆：“考浙江大学的人有800多，我报考的是物理学系，他们取的只有我一个女生，你说我的运气好不好？考清华大学的人特多，一共有近3000人，考进清华的希望小得不得了！”

后来，她选择了去清华。也是在这里，她和钱三强相识相恋，被称为“清华的金童玉女”。

恋爱并没有耽误何泽慧的学业。

当时中国的大学宽进严出，清华的课业尤为繁重。

最终物理专业只有 10 个人顺利毕业，何泽慧是第一名，而第二名，正是她的丈夫钱三强。

从清华毕业后，钱三强前往法国留学，跟随居里夫人的女儿学习。何泽慧当然不会甘于只成为“背后的女人”，她有足够的能力与爱人并肩而立。

何泽慧很有报国热情。战争爆发，她和几个男生一起到南京军工署求职，希望以自己的专业报效国家。几个男生被留下了，成绩更好的何泽慧却因为是女性而被拒之门外。

她没有坐等机会到来，她决定出国深造。

出国前她得知，德国柏林高等工业大学技术物理系的系主任曾经在南京军工署当过顾问。于是，她到德国后直接找到了这位系主任，希望进入技术物理系学习。没想到她马上被拒绝了。

技术物理系主任说：“这不大可能，因为我们技术物理系是个保密的系，是不可能招收外国人的，更不可能招收女性来学弹道专业。”

但何泽慧不服输，她据理力争：“你可以到我们中国来当我们军工署的顾问，帮我们打日本鬼子，而我为了打日本鬼子，到这里来学习这个专业，你为什么不收我呢?”

最终她说服了系主任，成为第一个就读于该校的外国学生，也是该专业的第一个女生。

刚毅勇敢，不卑不亢，她是一个强大的女性，一个真正的“贵族”。

1943 年开始，何泽慧与钱三强通过书信交流。因为战争的关系，书信不能封口，且仅限 25 个法文单词。就这样，在通信两年后，钱三强鼓起勇气，写了一封影响了近代中国物理学界的信——钱三强给何泽慧的求婚信。

钱三强在信中说道：“经过长期通信，我向你提出结婚的请求，如能同意，请回信，我将等你一同回国。”

她的回复很简单：“感谢你的爱情，我将对你永远忠诚。等我们见面后一同回国。”

半年后，何泽慧提了一个箱子只身前往法国，和钱三强完婚。

不久，他们一起合作发现了铀核裂变的新方式——三分裂和四分裂现象，在国际科学界引起很大反响。她被西方媒体称为“中国的居里夫人”，被外国科研团队集体争抢。

1948 年，当时已在国外享有盛誉的钱三强和何泽慧毅然回国，支援祖国的核物理研究工作。

夫妇二人为祖国的核弹事业做出了突出贡献。当年氢弹爆炸成功的第二天，法国法新社科学编辑赛尔日·贝尔发表文章写道：“人们认为钱三强是中国的核弹之父。”

那时，两位科学家正是风华正茂之年。

钱三强主导了我国核弹事业的发展，而何泽慧也屡次为国家做出突出贡献，让中国在多个领域不落于强国之后。她的科研项目还获得国家自然科学奖。

但因遭人妒忌，何泽慧无奈被调整岗位，曾被安排在实验室扫厕所，打扫卫生。后来又和丈夫到陕西农村进行劳动改造，5 年的科研黄金时期就这样度过了。

无论是被命令扫厕所，还是身在偏远农村，都没有让何泽慧败下阵来。这位坚强的女性，等到了重回科研领域的那一天。

5 年后，她再次主持科研工作，马上意识到当时中国科研领域的空缺，她推动了中国宇宙线超高能物理及高能天体物理研究的起步和发展。

后来，国家决定为科学家正名。钱三强表示：“中国原子弹研制成功绝不是哪几个人的功劳，更不是我钱三强一个人的功劳，而是集体智慧的结晶。外国人往往看重个人的价值，喜欢用‘之父’‘之冠’这类称谓。”

而对于何泽慧，中国又有多少人知道她的姓名?

钱三强离世后，何泽慧拒绝搬到条件更好的院士楼，一直守着他们 1955 年搬进的一套老房子。屋里的陈设，也丝毫没有变动。

何泽慧 90 多岁还一直坚持到单位办公，不要配车，就自己坐公交。

中科院院士李惕碚在 2009 年庆贺何泽慧 95 岁华诞的一篇文章中写道："在何先生那里，科学研究就是探索自然的本来面目，如此而已。权位和来头，排场和声势，以及华丽的包装，对何先生都没有作用。她会时不时像那个看不见皇帝新衣的小孩子，冷冷地冒出一句不合时宜而又鞭辟入里的实在话。"

直到离世，她一直住在中关村 20 世纪 50 年代建造的小区中。那里已经破败不堪，昏暗的楼道里贴满了疏通下水道的小广告，小院里到处可见各种各样的杂物。

时间飞逝，人们纷纷与这个老小区告别，何泽慧却还住在这里。

屋子保留着钱三强在世时的模样，钱三强离世后的 20 年间，何泽慧与满屋书香为伴，直至 2011 年离世。

何泽慧出身于名门望族，但她身上却毫无骄奢的影子，她一直朴实无华。她是真正的科学家，为国家做出突出贡献，却少有人识。

她备受尊重，却蜗居在小小的老宅中与世长辞。但在精神上，她始终保持高贵。

她没有豪宅，没有奢侈物件，她主动放弃了更好的生活，只为报效祖国。她拥有最珍贵的骄傲与自尊。这才是真正的中国"贵族"。

（摘自《读者》2018 年第 2 期）

# 沂蒙“红嫂”

赵新兵　王　齐　刘宝森　娄　辰　王　阳

记者寻访到五位老“红嫂”，她们依次是高振荣、马乾文、张淑贞、王春桂、谷荣仓。

“母送儿，妻送郎，最后一子送战场，一口饭，做军粮，一块布，做军装，最后一件破棉袄，盖在担架上。”70多年前的战争年代，以“红嫂”为代表的沂蒙人民，用乳汁和小米粥哺育革命，用小推车推动历史，唱响了一首抵御外侮和全国解放的悲壮之歌。

追寻“红嫂”足迹，一桩桩动人的事迹再一次呈现，“红嫂”精神在沂蒙山水间历久弥新。

沂蒙山区腹地，挡阳柱山脚下，沂水县桃棵子村满眼苍翠的山坡上，“红嫂”祖秀莲的坟前，一块特殊的石碑静立40年，上面刻着一个动人的故事。

1941年，在挡阳柱山上一次战斗中，八路军山东纵队司令部侦察参谋郭伍士执行任务时被日军发现，子弹从他嘴部射入，从脖后钻出，凶残的敌人又用刺刀在他身上连捅数下。九死一生的郭伍士苏醒后，爬到了约一公里外祖秀莲家门前，被她奇迹般救活。

70多年过去，祖秀莲生前居住的老屋仍在，屋内一个土炕被两个灶台熏得发黑，阳光透过窗户栅栏，落在炕上。郭伍士获救后躺在这里，喝下第一口救命水。他在回忆文章《人民，我的母亲》中写道："(她) 把自己像藏金银一样藏的一点面，一回拿出一点来，做成面糊糊来喂我。我吃了面糊，她把锅上的煳锅巴用水泡下来，给大爷吃，而她自己却吃糠团子。为了给我补身子，她竟然把自家唯一的母鸡也杀了。"

1947年，郭伍士因伤病复员，本该回老家山西的他，决定用自己的余生报恩。他挑着一只酒篓，历经八个寒暑，踏遍了八百里沂蒙，像着了魔一样边卖酒边寻找救他的那个"张大娘"。当再次见到祖秀莲时，郭伍士双膝跪地，大声呼喊着："娘！娘！"从此，郭伍士在桃棵子村落了户，为老人养老送终。

战争年代的沂蒙，村村有烈士，家家有"红嫂"。柔情似水的"哑巴奶奶"明德英，用乳汁救护小八路；芳骨如钢的李桂芳，带领31名妇女肩扛门板，水中架起"火线桥"；深明大义的"沂蒙六姐妹"，日烙煎饼八百斤拥军支前；张淑贞和婆婆王换于创办战时托儿所，抚养革命烈士后代……

今年105岁高龄的张淑贞，一袭黑衣、满头银发，让人很难想象，端坐在沙发上的瘦小身躯，在70多年前，曾做出了怎样的艰难抉择。为了照看革命后代，她们把自家刚出生的孩子放到一边吃糊糊汤，把奶水喂给年龄小、体质差的托儿所孩子。几年时间，张淑贞家先后有4个孩子夭折，她们所哺育的革命后代，却一个也没少。女儿于爱梅曾问她，当时为什么那么狠心？她说："自家的孩子，没了还能生养。同志们的孩子要是没了，恐怕就没有了血脉，咱舍上命也不能让烈士断了根呀。"

硝烟岁月，沂蒙人人参军，户户支前。年轻男人前线打仗，后方的老人、妇女和儿童深知，支持共产党的军队、保护战士的生命，就是保护自己的丈夫、兄弟、孩子，朴素的想法既出于人性，更是一种笃定的信念。

“捐躯献身歼日寇，舍生取义救亲人。”位于沂南县的沂蒙红嫂纪念馆门前的这副对联，道出了沂蒙军民深情。

自建纪念馆记录“红嫂”历史的山东朱老大食品有限公司总经理朱呈镕，既是“红嫂”精神的受益者，更是“红嫂”精神的传承人。

1997 年下岗后，朱呈镕颓废了好一阵，但想想“红嫂”骨子里那股永不服输、勇往直前的劲儿，让她决心重新创业。14 年来，朱呈镕把拥军当作永不下岗的职业，先后走访 300 多支部队。因为拥军，朱呈镕有了许多“兵儿子”，被誉为“新时期的沂蒙红嫂”“最美兵妈妈”。

“沂蒙六姐妹”之一的伊淑英在弥留之际，紧紧握着朱呈镕的手，若有所托，“你来了我就放心了，一定要把‘红嫂’精神接力棒接好，传下去”。在沂蒙，经历过抗战的人，几乎都会讲述一段有关八路军的故事：部队拴马的时候，都要把马嘴罩起来，怕战马啃了老百姓的树皮；在老百姓家里，不许随地吐痰，而是要专门挖一个坑做痰盂；住在村里，除了打扫街道和院落，还要把水缸挑满，是谓“满缸运动”……

95 岁高龄的“红嫂”高振荣回忆起丈夫李家才时激动地说：“千辛万苦不回头，永远跟党走!”李家才在解放战争时期，曾 6 次带领民工推着独轮小推车参加支前工作。陈毅元帅曾高度评价，“淮海战役的胜利是山东人民用小推车推出来的”。至今，每当有部队训练路过临沂一些乡村时，当地百姓仍像战争年代那样，把煮鸡蛋和干粮塞到战士手中。

“你是灯塔，照耀着黎明前的海洋；你是舵手，掌握着航行的方向。伟大的中国共产党，你就是核心，你就是方向……”这首战争年代诞生在沂蒙山区的《跟着共产党走》，传唱至今，道出了当地老百姓对共产党的信仰。

（摘自《文摘报》2017 年 8 月 8 日）

# 从拯救中国、发展中国到振兴中国

## ——中国共产党引领中华民族从苦难走向辉煌的95年

薛庆超

**1921年到2016年，从开天辟地到走向复兴，近百年的中国，历经挫折与抗争、奋斗与崛起。这个初创时只有50多名党员的马克思主义政党，怎样在当时帝国主义和封建势力异常强大的国家取得执政地位？这个有着8700万党员的大党，怎样经受住长期执政、改革开放、市场经济、外部环境等诸多考验，带领中华民族走向复兴？伴随着中国的崛起，中国共产党一路曲折，却目标清晰——沿着中国道路实现中华民族伟大复兴。**

中国近代沦为半殖民地半封建社会后，中国人民奋起抗争，直到辛亥革命推翻清朝，结束封建帝制。历史的发展，呼唤着中国共产党的诞生。

“五四运动”后，马克思主义在中国广泛传播，工人运动日益发展。1920年8月，上海共产党早期组织率先成立，“首次决议，推陈独秀担任书记，函约各地社会主义分子组织支部”，并拟定《中国共产党宣言》，“共产主义者的目的是要按照共产主义者的理想，创造一个新的社会”。10 月，李大钊等人建立北京共产党早期组织。

1921 年 7 月 23 日，中国共产党第一次全国代表大会在上海开幕。7 月 30 日晚上的会议刚开始，法租界巡捕房一个密探就闯入会场。代表们立即休会，离开会场，代表们转移到浙江嘉兴，在南湖游船上举行最后一天的会议，通过《中国共产党的第一个纲领》和《中国共产党的第一个决议》，选举了中央领导机构——中央局。

中国共产党诞生后，成为领导中国人民推翻旧世界、建设新世界的核心力量，大力开展反帝反封建斗争，革命风暴从珠江流域席卷长江流域。李大钊在北京领导国共两党迎接北伐，被奉系军阀逮捕，英勇就义。何隽撰写的《李大钊殉难目睹记》写道：李大钊等二十人在京师看守所内刑场绞决。被绞之前夕，余即至看守所接洽参观。见新式行刑之绞机矗立刑场之中央。晨九时，指挥行刑官莅场查阅判决书，命提李大钊及另一受刑人到场，旋由行刑人蜂拥至前。李大钊意气轩昂，胸襟爽朗，不知其为铁窗人也。指挥行刑官告之：“此案经特刑庭判决，你等均处死刑，当已收到判决书？”答：“收到，已准备上诉。”又云：“此案系按特殊程序处理，并无上诉办法。现奉上官命令，今日执行。你等对于家属如何处分事件，可缮函代为转交。”李大钊云：“我是崇信共产主义者，知有主义不知有家，为主义而死兮也，何函为？”旋经行刑人拥登绞台左绞绳下铁盖上，面南而立，一位行刑人反接两手，缠缚全身并折绳结环，神色自若不变。最后，李大钊高呼“为主义而牺牲”毅然延颈就环。李大钊是中国共产主义运动的先驱，为共产主义理想英勇献身，至死无憾。

## “我们要到敌人统治比较薄弱的农村去，发动农民群众，实行土地革命”

北伐战争发展到长江流域，国民党背叛革命。大革命失败后，中国革命向何处去？

南昌起义打响武装反抗国民党反动派的第一枪。八七会议确定实行土地革命和武装起义的总方针，各地武装起义此伏彼起。然而，毛泽东领导的秋收起义爆发后，很快受挫。工农革命军会师文家市，毛泽东决定，向敌人统治力量薄弱的农村、山区进军。他向工农革命军指出，我们现在力量很小，好比是一块小石头，蒋介石好比是一口大水缸，总有一天，我们这块小石头，要打破蒋介石那口大水缸。大城市现在不是我们要去的地方，我们要到敌人统治比较薄弱的农村去，发动农民群众，实行土地革命。随后，工农革命军奔赴井冈山建立革命根据地，朱德、彭德怀相继率部前往井冈山，开辟井冈山道路。

中国共产党在土地革命中创建一系列革命根据地，建立红军，在国民党统治区发展革命力量。1931 年 11 月，中华苏维埃第一次全国代表大会在瑞金召开，通过《中华苏维埃共和国宪法大纲》等决议案，毛泽东当选为中华苏维埃共和国中央执行委员会主席和人民委员会主席。中华苏维埃共和国临时中央政府成立，定都瑞金。瑞金县改为瑞京市。邓小平任中共瑞京市委书记。土地革命战争中，毛泽东、朱德领导的红一方面军和中央革命根据地起了最重要的作用。各地红军和革命根据地击败国民党军多次“围剿”，革命形势日益发展。

“左”倾教条主义统治中共中央时期，红军第五次反“围剿”失败。红军主力相继长征。中国革命处于危难时刻，迫切需要一个坚强领导集体和核心力挽狂澜。

毛泽东在创建发展红军与革命根据地实践中，成为众望所归的核心人选。1935 年 1 月中共中央政治局在长征途中召开遵义会议。秦邦宪在反对第五次“围剿”的报告中坚持“左”倾错误。周恩来作军事问题报告。张闻天按照与毛泽东、王稼祥商量的意见，作了反对“左”倾军事错误的“反报告”，系统批评秦邦宪和李德在军事指挥上的错误。毛泽东的长篇发言将锋芒集中在最迫切的军事问题上，尖锐批判秦邦宪、李德的“左”倾军事路线，指出第五次反“围剿”失败的主要原因是军事指挥和战略战术的错误。王稼祥第一个挺身而出，拥护毛泽东出来领导党和红军。

朱德、周恩来、陈云、刘少奇等绝大多数同志支持毛泽东的意见，批判错误军事路线。遵义会议决定改组中央领导机构："(一）毛泽东同志选为（中央政治局）常委。（二）指定洛甫同志（即张闻天）起草（遵义会议）决议。委托常委审查后，发到支部中去讨论。（三）常委中再进行适当的分工。（四）取消三人团，仍由最高军事首长朱（德）、周（恩来）为军事指挥者，而恩来同志是党内委托的对于军事指挥上下最后决心的负责者。"随后，毛泽东任中央最高军事指挥机构"三人团"成员和前敌司令部政治委员，周恩来病重后，由中央政治局常委分工主管军事工作。

遵义会议确立毛泽东在中央的领导地位，形成以毛泽东为核心的第一代中央领导集体，使红军和党中央得以在极其危急的情况下保存下来，并且之后战胜张国焘分裂主义，完成长征，打开中国革命新局面。1935 年 10 月中共中央率领红一方面军到达陕甘革命根据地。1936 年 10 月红一方面军、红二方面军、红四方面军会师陕甘。

## "中国共产党是全民族抗战的中流砥柱"

20 世纪 30 年代，日本加紧侵略中国，民族危机空前严重。中国向何处去，摆在每个中国人面前。

东北沦陷后，中国共产党领导的东北抗日游击战争揭开了世界反法西斯战争的序幕。中共中央分析国际国内形势重大变化，决定实行抗日民族统一战线政策。1936 年 12 月 12 日，张学良、杨虎城发动西安事变。经过谈判，国民党与共产党和张学良、杨虎城达成"停止'剿共'、联合红军抗日"等 6 项协议。12 月 24 日晚，周恩来会见蒋介石。他说："蒋先生，我们有 10 年没见面了，你显得比从前苍老一些。"蒋介石诺诺点头，说："恩来，你是我的部下，你应该听我的话。"周恩来回答："只要蒋先生能够改变'攘外必先安内'的政策，停止内战，一致抗日，不但我个人可以听蒋先生的话，就连我们红军也可以听蒋先生的指挥。"

中国共产党促成西安事变和平解决，实现第二次国共合作。全国抗战爆发，中国成为世界反法西斯战争的东方主战场。八路军“首战平型关，威名天下扬”。全国给八路军的贺信贺电雪片一样飞到华北前线。蒋介石致电朱德、彭德怀：“25 日一战，歼寇如麻，足证官兵用命，深堪嘉慰。尚希益励所部，继续努力。”上海职业界救亡协会致电：“贵军受命抗敌，立奏奇功，挽西线垂危之局，破日寇方长之焰。捷报传来，万众欢腾。”第二战区战地动员委员会主任续范亭认为：“谨按平型关战役，八路军的大捷，其估价不仅在于双方死亡的惨重，而在于打破了‘皇军’不可战胜的神话，提高我们的士气。”

八路军频频出击，夜袭日军阳明堡机场，将 25 架飞机（包括机库中待修的 1 架飞机）全部击毁，毙伤日军 100 余人。中国人民把抗战胜利希望寄托在中国共产党身上。八路军到河北平山招兵，1500 多名平山青年积极参军，八路军总部批准成立“平山团”。“平山团”和兄弟部队在上下细腰涧（地名）战斗中，毙伤日军 1000 人左右，俘虏 11 人，创造了抗战范例。晋察冀军区司令员聂荣臻签发命令：“‘平山团’历来作战勇敢，素有盛名，是平山人民的优秀武装，是边区人民的优秀武装，是太行山上铁的子弟兵。”

中国共产党领导的东北抗日联军不断打击日军，振奋了人民的抗日信心。杨靖宇长期率部与日军作战，名震中外。1940 年年初，杨靖宇被日军包围，从日出打到中午，他一个人几次击退了敌人的攻击，最后终因寡不敌众，壮烈殉国。

中国共产党是全民族抗战的中流砥柱。为了振奋全国人民抗战信心，1940 年 8 月八路军发起“百团大战”。晋察冀军区三天内将正太路东段铁轨彻底破坏，攻克娘子关、井陉矿区等车站和据点。一二九师完成正太路西段破袭任务，攻占阳泉至榆次间的日伪军若干重要据点，全歼康家会据点守敌。接着展开对同蒲路破袭。百团大战第一阶段，正太铁路瘫痪，同蒲、平汉等铁路一度中断。华北日军重要燃料基地井陉煤矿受到严重破坏。日军《华北方面军作战记录》承认：“百团大战”的奇袭完全出于日军“预料之外，损失惨重，需要相当时间和大量资金才能恢复”。

抗战时期，中共七大制定打败日本侵略者、建立新民主主义中国的政治路线，确立毛泽东思想为全党指导思想。中国共产党在浴血奋战中迎来中国人民抗日战争胜利。

## “人民群众和我们站在一起，这就是我们的铁桶江山”

抗战胜利后，中国面临两条道路、两种命运的历史性抉择。国民党政府发动内战，坚持独裁。中国共产党坚持民主，把中国引向光明。

西北战场上，国民党军 20 多万人进攻陕甘宁边区。西北野战军司令员彭德怀说，别看敌人貌似强大，他们脱离人民，陕甘宁边区虽然贫穷，但是人民群众和我们站在一起，这就是我们的铁桶江山。西北野战军在青化砭消灭国民党军一个旅，刚撤离战场，国民党军增援部队就开了过来。彭德怀看到国民党军无论走到哪里，都有人民群众发出信号，激动地说：“什么是天罗地网，这就是天罗地网啊。”

人民解放军经过战略防御、战略进攻和战略决战，歼灭了国民党军精锐部队。1949 年 4 月 20 日，国民党政府拒绝在《国内和平协定》上签字，人民解放军发起渡江战役，先头部队 4 月 23 日进入国民党政府首都——南京。当时的美国驻华大使司徒雷登回顾：“共产党的先头部队成功地过了长江，入了城，平静地接管了首都。他们纪律严明，士气高昂，同政府军冷漠的表情和混乱的指挥形成了鲜明的对照。”国民党军海军第二舰队司令林遵率海军舰艇 25 艘在长江江面起义，加入人民解放军。镇江江面的国民党军海军舰艇 23 艘向人民解放军投降。

4 月 24 日凌晨，人民解放军占领国民党政府“总统府”，宣告国民党政府覆灭。中国共产党领导全国人民，推翻帝国主义、封建主义和官僚资本主义的统治，赢得了中国革命胜利。

## “你做掏粪工人，我做国家主席……都是为人民服务”

1949年10月1日，毛泽东宣告：“中华人民共和国中央人民政府成立了。”

中央人民政府成员和部长人选充分体现“五湖四海”原则。第一任水利部部长傅作义曾任国民党军高级将领，为和平解放北平做出贡献。第一届全国政协会议上，由周恩来提议，大会主席团审议，傅作义任水利部部长。傅作义感动得泪流满面，说：“周恩来先生提议由我来当水利部长，主席团竟一致通过，这是我做梦也不曾想到的。在国民党蒋介石统治的旧中国，我拎上整箱的黄金美钞，想打通关节买个部长当当而不可得呀！”

中华人民共和国成立后，实现中国从几千年封建专制制度向人民民主制度的伟大跨越，实现中国高度统一和各民族空前团结。人民解放军进军西藏期间，大力宣传中国共产党的民族宗教政策。尊重西藏群众宗教信仰，保护喇嘛寺庙，未经许可不准进入寺庙，更不准住经堂；不得在寺庙附近捕鱼、打猎；不得到神山砍柴、放牧等。帮助群众解决生产和生活困难，免费治病、救灾、修桥、修路，办学校、稳定物价、供应部分民需物资等。遇到缺粮挨饿，决不拿群众一粒粮食；遇到风雪严寒，决不住喇嘛寺庙，搭帐篷宿营，确保了进军西藏胜利。

第一次全国人民代表大会制定了中华人民共和国宪法。中共八大指出：全国人民的主要任务是集中力量发展社会生产力，实现国家工业化，逐步满足人民日益增长的物质和文化需要。中华人民共和国成立十周年，刘少奇会见掏粪工人时传祥说：“你做掏粪工人，我做国家主席，咱们都一样，只是革命工作分工不同，都是为人民服务。”然而，前进的道路不是平坦的。“文化大革命”使党、国家和人民遭到中华人民共和国成立以来最严重的挫折和损失。中国共产党依靠人民力量，粉碎江青反革命集团，结束“十年内乱”。

中华人民共和国成立后，完成社会主义革命，确立社会主义制度，实现中国历史上最广泛最深刻的社会变革。建立起独立的比较完整的工业体系和国民经济体系，培养大批经济建设人才，积累了进行社会主义建设的重要经验。

## “改革开放是我党历史上一次伟大觉醒，是决定当代中国命运的关键一招”

中共十一届三中全会标志着党和国家历史的伟大转折。解放思想，拨乱反正，实事求是，改革开放，成为历史潮流。

经济特区是改革开放的“试验田”。习仲勋任中共广东省委第一书记“镇守南大门”时，遇到“逃港风”，一些经济落后地区的大批农民跑到香港“打工”去了。习仲勋与省委的同志深入农村调研，在人民公社体制下，农民的劳动价值相当低廉，到香港打工却可以得到较高收入。习仲勋和广东省委经过研究，向中央提出，划出一块地方给予特殊政策，迅速把经济和群众生活搞上去，从根本上解决“逃港风”问题。习仲勋当面向邓小平阐述这个想法。中共中央完全同意习仲勋和广东省委的意见，经济特区应运而生。

如何看待经济特区，有段时间众说纷纭。1984年邓小平到深圳、珠海、厦门经济特区，深入企业、码头、渔村调查研究，实践证明“建立经济特区的政策是正确的”。中央决定，进一步开放沿海14个城市，推动改革开放全面发展。20世纪90年代初期，国际风云剧变。邓小平视察南方，广泛接触党员、干部、知识分子、工人、企业家，问计于民，得出结论——只有中国特色社会主义才能发展中国。他提出，要沉着应对、稳住阵脚、冷静观察、韬光养晦、善于守拙、绝不当头、有所作为，立足于把我们自己的事情办好。根据邓小平南方谈话精神，改革开放大潮滚滚，中国特色社会主义蓬勃发展，中国发展成为世界第二大经济体。

## “实现中华民族伟大复兴，是中华民族近代以来最伟大的梦想”

中共十八大以来，以习近平为总书记的党中央，高举中国特色社会主义伟大旗帜，坚定不移沿着中国特色社会主义道路前进，带领全党全国人民为实现中华民族伟大复兴的中国梦而奋斗。

全面建成小康社会，把“两个100年”与社会主义初级阶段和共产主义的奋斗目标紧密地联系起来，极大地激发了全党全国人民的积极性和创造力，精准扶贫不让一个村子一户农民落在时代发展的后面。全面深化改革稳步推进，习近平总书记第一次到广东考察，沿着邓小平南方谈话路线，着重强调，党的十八大向全党全国发出深化改革开放新的宣言书、新的动员令，全党全国人民要坚定不移走改革开放的强国之路。中共十八届三中全会做出全面深化改革的决定，习近平总书记亲自做了深度解读。他在安徽省凤阳县小岗村强调，在这里重温改革，就是要坚持党的基本路线一百年不动摇，改革开放不停步，续写新的篇章。在全面推进依法治国进程中，习近平总书记强调，党领导人民制定宪法和法律，党领导人民执行宪法和法律，党自身必须在宪法和法律范围内活动，从而把依法治国提升到一个崭新的阶段。习近平总书记的一系列新观点、新理念、新思路，为全面从严治党指明了方向。党要管党，从严治党，扶正祛邪，反腐倡廉，党的建设开创新局面。笔者就当面听到中国远洋船务工程集团党委负责人说，在习近平总书记坚强领导下，我们对未来充满信心。浙江省嘉兴市一个社区的老同志说，我们坚决拥护习近平总书记和党中央把反腐败斗争进行到底。人民解放军火箭军侦察部队负责人说，习主席领导的军队反腐败和军队改革大得人心、大得党心、大得军心。陆军航空兵负责人说，在习主席领导下，人民军队将更加强大，时刻准备履行党和国家赋予的重要使命。

改革开放以来，全党全国人民总结经验，艰辛探索，终于找到实现中华民族伟大复兴的道路——中国特色社会主义。经过鸦片战争以来一百多年持续奋斗，中华民族伟大复兴展现出光明前景。现在，我们比历史上任何时期都更接近中华民族伟大复兴的目标，比历史上任何时期都更有信心、有能力实现这个目标。中国共产党成立100年时全面建成小康社会、中华人民共和国成立100年时实现现代化。这是全党全国人民的共识和奋斗目标。

（摘自《光明日报》2016年6月23日）

# “红墙摄影师”侯波用镜头记录开国大典的背后故事

余　玮

1949 年 10 月 1 日，天安门城楼。一位年轻的女摄影师紧握相机，不断调整焦距和光圈，拍完一卷就赶紧换，生怕耽误任何重要的镜头。为了抓取最好的角度，她将身体探到城楼护栏的外边。

她就是著名“红墙摄影师”、有“红色世纪波”之誉的女摄影家侯波。这张名为《开国大典》的照片成为她的代表作，而“开国大典上唯一女摄影师”则成为与她相伴一生的头衔。

2017 年 11 月 26 日，侯波与她所眷恋的世界，与她所投身大半个世纪的摄影事业，永远地诀别了。所幸数年前，笔者曾采访过她，听她讲述了这张举世闻名的照片背后的故事。

## 一张合影

“不行，不能这样站！女同志是半边天，要站在中间！”不由分说，毛泽东站到了侯波的左边。

侯波的一生充满传奇：她出生时中国正处于军阀混战时期，13 岁即投身革命参加抗战，14 岁加入共产党奔赴延安，25 岁在天安门城楼上亲历了开国大典，在中南海为毛泽东等中央领导拍照 12 年，十年动乱饱经磨难，改革开放后重获新生，71 岁时担任中国女摄影家协会主席……

“我这一生很有福气，亲历了开国大典，也看到祖国富强。”侯波很健谈，接受采访时说到激动处，眼角溢出泪花。

那是一个骄阳似火的下午，笔者如约来到中央新闻纪录电影制片厂的宿舍区，按响一个普通单元的门铃。“铛铛、铛铛”两声清脆的铃声过后，门开了，一个面容清秀、身材瘦削的老太太手扶着门，正待发问，笔者赶紧自报家门。“噢，你们来了，快进来吧！老头子，来客人了！”老太太笑着招呼我们进屋，虽然岁月的雕刀在她脸上刻下衰老的印迹，但我们还是很准确地判断出这个老人就是我们今天要采访的对象——共和国第一代女摄影家侯波。

进了客厅，顿感一阵凉风扑面而来，霎时，把夏日的炎热关在了门外。侯波的老伴——著名摄影家徐肖冰站在靠阳台的一张小桌旁，桌上堆满了书、纸，看得出来他正在写着什么。他笑着对笔者说：“侯波早就把空调开大了，怕你们一来热得受不了！”原来如此，笔者暗想，侯老可真是个有心人啊！

坐到这对著名摄影伉俪家里的简朴沙发上，笔者下意识地环顾客厅四周的摆设——出乎意料，并不见摄影作品的展示，古朴的展示柜中反倒是陈列着许多小工艺品，如泥塑小人、茶具等。唯独客厅正面墙上挂着一张放大了的照片——侯波、徐肖冰夫妇俩与毛泽东在香山的合影，这张合影顿时吸引了笔者的眼球。于是，我们的谈话就从这张合影开始了。

这张照片摄于 1949 年 5 月。那时，毛泽东在北平香山双清别墅休息、办公，并接见国内外的一些客人。一天，侯波接到组织下达的任务，去香山协助徐肖冰完成毛泽东接见外宾的摄影任务。“那时我的工作单位还是在北平电影制片厂，人事上还属于电影厂管。但中央有事就来电话通知，有时也直接来车接，带上摄影机就走。”侯波回忆着。这次会见结束后，客人走了，侯波他们收拾机器也准备离开。这时，毛泽东回过身来招呼他们坐下。

毛泽东在延安时就认识徐肖冰，得知侯波是徐肖冰的爱人且也是从延安出来的后，饶有兴致地问侯波是哪里人，侯波回答说山西夏县。“山西可是个好地方，关云长就是夏县人，武艺高强，人又忠厚。”毛泽东的话把大家都逗得笑起来了。

本来这是侯波第一次如此近距离见毛泽东，心里自然有点紧张，不敢与毛泽东坐得太近，没想到毛泽东这么平易近人，而且说话这么幽默，这么随和，一下子她轻松起来。这时，毛泽东的卫士李银桥送了一盘水果过来，毛泽东就请侯波等吃。不爱吃水果的毛泽东则大口地抽起烟来，喝茶也不剩茶叶。

“山西那个地方在抗日战争中起了不小的作用，可是当初不是我们的天下，被阎锡山占着，他又不抗日，我们在统战工作中费了好大的劲也没把他拉过来。他与蒋介石也有矛盾，想不理蒋介石的茬，搞一个独立王国，可惜蒋介石容不下他。陈赓也在山西打过几个漂亮仗，把个日本人打得不轻。后来国民党的那个朱怀冰还想占据这里，不抗日，反而与我们的八路军摩擦，陈赓火了，一生气把他给彻底收拾了。”毛泽东正谈着，他的女儿李敏跑过来了，叫着“爸爸”扑进毛泽东的怀里。

这时天已经不早了，想到不能过多占用主席的时间，侯波他们起身向毛泽东告辞，可侯波心里总感到这次与毛泽东的见面不应就这样结束。果然，毛泽东站起身，说：“来，咱们一起照个合影吧。”于是，与侯波他们同来的新华社记者陈正清举着照相机，让侯波夫妇俩跟主席合影。侯波、徐肖冰在毛泽东身边一左一右站好，这时毛泽东摇了摇头，发话了：“不行，不能这样站！女同志是半边天，要站在中间！”不由分说，毛泽东站到了侯波的左边。陈正清按下快门，这张珍贵的照片就这样诞生了。

## 八个胶卷

**“我很珍惜，每摁一张，心里都要数一下。整个大典只用了三个半胶卷，舍不得啊！那天拍的照片，几乎每一角度都只有一个底片。”**

新政协筹备会召开以后，侯波便一直在中南海忙碌着，她端着相机四处抓拍新政协筹备会的重要场面。如参加政协筹备会的中共代表团成员合影，第一届政协会议的全体女委员合影等。那么多重要的人物，又是那么重要的事情，侯波真怕拍不好。可是真接触起来，侯波感到越是这些著名人士越是好打交道，他们一点架子也没有，很为侯波他们这些搞摄影的人着想。像宋庆龄、邓颖超、康克清等，在照片拍完之后，总是拉着侯波的手说些亲热话，这使得侯波的紧张心理渐渐地放松了。那时，她的单位还是北平电影制片厂，白天到中南海拍摄，晚上就回去。她拍的照片，无论是领导人的重要活动，还是日常生活，全部保存在一个保险箱里。

在侯波的摄影生涯中，最让她永远铭刻于心的是开国大典这天。当天，她与丈夫徐肖冰同在天安门城楼上拍摄。

“作为一个 20 世纪的中国人，在我的记忆中，没有一件事能与开国大典相比。接到 10 月 1 日到天安门城楼拍摄开国大典的任务后，我们领到了一个条子。那大概就相当于今天的记者证，佩戴着这个条子，就可以自由上下城楼了。他负责拍摄电影，我则负责照片的拍摄。”生前谈起当年拍摄开国大典的情景，老人的言语和表情仍流露出抑制不住的激动和自豪，“我是在开国大典那天唯一登上天安门城楼的女摄影记者，拍下了主席在天安门城楼上宣告中华人民共和国成立的那个令人激动的瞬间。”

当时经济条件很困难，侯波平时用的相机都很旧，有的还是缴获的战利品。

开国大典当天，侯波用的是德国的禄莱 120 相机、阿克发胶卷，相机一次只能装 12 张底片。那时候胶卷都是从香港购买，非常稀缺，当天也只带了 8 个胶卷。面对举国同庆的历史时刻，她却“舍不得”拍了。“我很珍惜，每摁一张，心里都要数一下。整个大典只用了三个半胶卷，舍不得啊！那天拍的照片，几乎每一角度都只有一个底片。当时我的照相机只有标准镜头，没有广角，所以我想再多照一些人就照不下了。其实这张照片从光线、构图和技术上来讲，我是不满意的，但它有特殊的意义。”

为了拍好照片，侯波在上午不到 10 点就先到天安门城楼上看地形，快到中午的时候苏联专家带着彩色纪录片的拍摄设备也都纷纷就位。可是连午饭都没吃的侯波，要赶到中南海勤政殿拍摄中央人民政府委员会第一次会议。会议结束后，中央人民政府委员会主席、副主席及各位委员集体出发，乘车出中南海东门，前往天安门城楼出席开国大典。此时，参加开国大典的北京 30 万群众早已齐聚天安门广场，翘首期待着伟大历史时刻的到来。

“下午 2 点半多拍完中央人民政府委员会第一次会议，我再赶到天安门跟着参加政协会议的代表们一起登上城楼。等我上去一看，好位置都被他们拍纪录片的摄制组占了。那天有两个摄制组拍彩色纪录片，还有一个组是拍黑白纪录片的，加起来至少有好几十人。”侯波说，最主要的是，苏联记者是中国方面请来拍摄纪录影片的，最佳的拍摄位置当然要先满足他们。

## 快门按下

**她只能冒着危险将身体探出前廊边的矮墙，一再往后撤身子，但还是取不到满意的角度。正在这时，旁边有人抓住她的衣角说：“你放心大胆地取景吧，我抓住你。”**

大概下午 2 点 50 分，毛泽东等党和国家领导人乘车到了天安门城楼下，从天安门城楼左侧一步步走上来。当毛泽东踏上最后一级台阶时，大喇叭里传来播音员丁一岚和齐越的声音："毛主席来了！毛主席来了！"军乐队奏响《东方红》……侯波赶紧把相机对准了毛泽东等，一边拍一边往后退。"当《东方红》第三遍奏完的时候，毛主席和其他领导人正好到达了天安门正当中的位置。"

为了能拍好这次大典，上级从《华北画报》《东北画报》、北平电影制片厂照相科选派了多名政治可靠、技术过硬的记者和摄影师。但能够上天安门城楼的摄影记者只有陈正青、杨振亚和侯波。侯波记得在广场上的还有吴群、林杨、孟昭瑞等，总共有30名摄影记者在拍开国大典。"杨振亚本来是安排在城楼上的，但他临时下去拿东西，结果上来时已经开始了。陈正青、杨振亚作为记者是要发稿的，而我当时是中南海摄影科科长，没有发稿任务，只要留资料。其实《开国大典》的照片陈正青的那张使用次数最多、流传最广，仅主席宣读《中华人民共和国中央人民政府公告》的镜头，他就拍了135整整一卷。"那天，徐肖冰也在天安门城楼上忙着拍新闻电影纪录片。

25岁的侯波，此前从来没见过这么大的场面。"毛主席等中央领导站的位置在天安门城楼的前廊上，那时候天安门城楼前廊的围栏不像后来那样修有齐胸高的汉白玉护栏，当时只是覆着琉璃瓦的矮墙。我们都是身子紧靠着城楼的矮墙拍照。有时为了能拍到领导人的正面，只好冒着危险把身子探出矮墙。而且按完快门后就得赶快蹲下来，以免挡住下面群众的视线。毛主席讲话的时间很短，根本来不及选择最佳位置就得按快门，可是即使这样，选取背景的程序也是不能省略的。只能把过程缩短，甚至缩短为一瞬间，这样捕捉到的背景才会是自然的，没有任何矫饰的。"

"那天，毛主席用浓重的湖南口音向全世界庄严宣告'中华人民共和国中央人民政府今天成立了'的刹那，我的快门同时按下。"说着，侯波取出开国大典的那张照片，照片上毛泽东正对着扩音器大声宣告，十分传神、真实。曾经多次在纪录片中听到的那熟悉声音，此时仿佛一下子回旋在耳畔，激荡在心里。照片再现了历史瞬间，摄影真不愧为一门收藏历史的艺术，而摄影师则是收藏历史的收藏家。

看到笔者的钦慕之态，侯波马上表白："这张照片，是我最得意的几张之一。不是因为照得好，因为它是一张非常特殊的照片，一张新中国光辉历史的见证——不是谁想拍就能拍得到的。是历史给了我这样的机会，是党和人民给了我这样的机会。"她认为自己很幸运。

毛泽东宣布"中华人民共和国中央人民政府今天成立了"时，侯波觉得主席讲话的声音比平常有点变调，显然是激动了。毛泽东讲这些话的时候，大家都流着眼泪，侯波也感动得流了眼泪。"在天安门城楼上有 1000 多人，大家都眼含着热泪，庆祝有这么一天。"

在《义勇军进行曲》的雄壮旋律中，毛泽东按动电钮，中华人民共和国第一面鲜艳的五星红旗冉冉升起。全场肃立，向国旗行注目礼。广场上，54 门礼炮齐鸣 28 响。"开国大典让我感受特别深的一点是，人民当家作主那种欢欣鼓舞的喜悦完全是发自内心的。仅仅在天安门城楼上就有 1000 多人，大家都眼含着热泪，庆祝有这么一天。城楼下 30 万欢腾群众的情绪也很高昂。天安门广场上，'毛主席万岁''人民万岁'此起彼伏，非常感人。"侯波在晚年还记得，天安门广场上的人群、旗帜、彩绸、鲜花汇成了喜庆的海洋。

侯波也激动了，只想把这一气势宏伟、鼓舞人心的场面给拍下来。她从照相机的镜屏上看到，天安门广场上数十万双含着莫大幸福的眼睛和数十万双充满感激的手，朝着伟大领袖毛主席欢呼"万岁"的情景，看到毛主席不断地扬起双手向大家高呼："同志们万岁！""人民万岁！"侯波异常激动，按下快门，抢拍历史性镜头。

开国大典上，毛泽东在天安门城楼上不停地走动，侯波就要不停跟着拍照。当看到毛泽东走到天安门城楼右边时，侯波想拍一个带天安门城楼的毛泽东侧身镜头，但由于空间十分有限，她只能冒着危险将身体探出前廊边的矮墙，一再往后撤身子，但还是取不到满意的角度。正在这时，旁边有人抓住她的衣角说："你放心大胆地取景吧，我抓住你。"拍完后，侯波收回身体扭头一看，帮忙的人竟然是周恩来总理。过了一会儿，侯波又急忙换到另一个位置，也需要把身体伸向矮墙外。陈云主动伸过手来，抓住侯波的衣服说："我来帮你，赶快拍。"在拍毛泽东回应广场上人山人海的欢呼时，侯波不顾一切地侧身向矮墙外抓拍毛泽东精神焕发的笑容和激动的神情。在旁边的彭德怀也曾多次提醒侯波："小心！小心！"这温暖的一幕幕让侯波永生难忘。

## 篮子里的纸条

"当天城楼上下是靠一条挂着一个篮子的绳子来联系的。下面有什么意见或有什么问题就拉那个绳子，篮子就提上来了。据说篮子里面不少是骂我们记者的纸条。"

那天，侯波完全融入喜悦庄严的氛围中去了，端着相机，不断地变换着角度，将这些开国元勋们的精神风貌、神采，定格在胶片上。

据侯波回忆："我当时在城楼上拍照时总蹲在围墙下，有人不理解。因为当天城楼上下是靠一条挂着一个篮子的绳子来联系的。下面有什么意见或有什么问题就拉那个绳子，篮子就提上来了。据说篮子里面不少是骂我们记者的纸条，写着'你们挡着我们看不着主席，你们快离开吧'等。还有直接在城楼下喊叫的。所以我们摄影的同志都是尽量蹲着，只有拍照的时候才站起来。"

据说，从开国大典留下的大多数镜头中看，毛泽东是很少出现笑容的。毛泽东此刻的心情用他自己的话来说，就是"又愉快又不愉快"。对此，他后来解释道：中国解放我是很高兴的，但是总觉得中国的问题还没有完全解决，因为中国很落后，很穷，一穷二白。

这一点从开国大典上的阅兵式即可看出。当日，在天安门广场参加检阅的装备被戏称为"万国牌"武器——出自十几个国家，大多是别国淘汰的旧品。检阅途中一辆装甲车开到天安门西侧时，还因机械故障熄了火，开不动了，幸亏后面装甲车里的战士急中生智，继续驶上前去把这辆装甲车顶到西长安街上才没扰乱秩序。天安门城楼上的毛泽东对眼前的这一切看得很清楚，但他没有责怪任何人，因为他知道这已是我军手中最好的装备了。

据侯波回忆，开国大典上，当新建成的人民解放军空军编队飞过天安门广场上空，广场和城楼上爆发出了如雷的掌声与欢呼声时，毛泽东的脸上才露出了笑容。

开国大典当天的活动从下午 3 点一直持续到晚上 9 点多，毛泽东一直在向欢呼的人群挥手致意，“到晚间已有些支撑不住，就弯腰伏在围墙上。至于一直处于极度兴奋的我，在天安门城楼上根本不知道累，直到深夜回到家才感到浑身像散了架一样一点力气都没了。”侯波说。因为一直忙着在城楼上工作，广场上的活动虽然很热闹，但自己也没顾上细看。“开国大典让我感受特别深的一点是，人民当家作主那种欢欣鼓舞的喜悦完全是发自内心的。”

之后的十余年间，在五一、国庆这样的重大节日里，侯波又陆续十多次作为国家领导人的摄影师登上天安门城楼拍摄。“离休后，我又多次去天安门城楼和广场参观过，也拍了不少照片，每次都能发现一些令人欣喜的变化。你们不知道，开国大典时候的天安门虽然经过了精心的装饰，但由于条件所限，看起来还是比较破旧，台阶有的残缺不全。现在的天安门一年比一年漂亮了，看起来也特别宏伟。我们的国家也变得越来越好。”

侯波的摄影作品《开国大典》成了记录历史的重大文献和具有史料价值的珍贵影像。照片最初被保存在中南海，后来又被送到新华社受到特别保护。20 世纪 80 年代，经过特别批准，照片开始在多个国家巡回展出。

1999 年，中华人民共和国成立 50 年。国庆前的一天，山西摄影家武普敖提议侯波夫妇在天安门金水桥再跟毛主席像合影。侯波当即同意，并非常激动。次日一早就赶到金水桥，武普敖用禄莱 6008 摄下了特殊的“合影”，还了二位老人再跟主席合影的心愿。

（摘自《北京日报》2018 年 1 月 17 日）

# “敢死队”老人揭秘“两弹发射秘闻”

罗　坪

11 月 8 日，立冬后的广东河源市，细雨微凉。

中国酒泉卫星发射中心干事郭青（化名），为筹建航天博物馆寻访老一代航天先驱，其辗转数省，奔波千里，终于找到了张其彬。

张其彬，广东河源人，中国“两弹一星”功臣，在原子弹、导弹结合实验中被誉为“七勇士”之一。1966 年，他与另外 6 名留守地下室面临生死考验的航天人，一同成功操控中国第一枚核弹、导弹两结合爆炸实验。

基于当时种种原因，事后张其彬一直对外绝对保密。直至 16 年后，发妻田绍华才第一次从电视得知丈夫的过往。定居天津，此次应邀回乡的张其彬，如今已 79 岁，两鬓斑白。作为两弹结合实验的亲历者，张其彬回顾了“实验秘闻”，回顾了自己的那段峥嵘岁月。

## 忆当年临危受命

张其彬出生于1935年，祖籍广东河源市东源县，是一名农家子弟。79岁的他近日应邀还乡，参加河源市专门为其筹办的“航天图片展”。

1964年，张其彬毕业于哈尔滨军事工程学院。同年分配到酒泉基地，作为技术员参与原子弹、导弹结合实验，那年他28岁。张其彬清楚地记得，1964年10月16日，中国成功地进行了原子弹爆炸实验，但当时只能像炸弹一样，用飞机把原子弹运往指定地点进行爆炸。而用导弹运载，进行远距离发射的问题还没有解决。

原子弹试验成功了，两弹结合就搞不出来？当时，美国和苏联刚完成两弹结合实验不久，中国在这个领域还是一片空白。基于此，中央计划进行两弹结合实验，由总理周恩来亲自负责，组成了15人的领导委员会。1965年，中央决定：1966年进行原子弹、导弹两弹结合实验，并决定把实验地点，放在地广人稀的西北戈壁滩上。

谈及当时“航天创业”的艰辛，张其彬感慨万千。据其回忆，当时不仅没有任何一个外国人在现场帮助，而国际上还对中国进行了海上封锁，所以实验只能在陆地上进行——即自己国家本土上。中央决定进行的导弹核试验，任务是空前的，因为当时没有其他的国家做过“本土实验”。

张其彬说，1964年他刚从哈军工导弹工程系毕业，随即分配至酒泉卫星发射中心。他坐上基地的专列，于夜里秘密到达实验基地。天亮后一看，四面是一片苍苍茫茫的戈壁滩，荒瘠的土地上只长着一种叫骆驼刺的野草。当时酒泉航天基地刚刚建立，粮食等生活必需品全靠从外边运进，而国家又刚刚度过了3年饥馑，先前去的科研人员每天都是只能吃窝窝头。在这种恶劣的环境下，受命要按预期完成任务，可谓是“临危受命”。

## 实验前难关重重

张其彬到基地后，负责临时发射基地的建设、试验技术协调、编制测试发射程序及操作规程。在基地统一安排部署下，张其彬与基地所有的科技工作人员一起，夜以继日地进行认真仔细的实验前准备。两弹的发射日期，定在了 1966 年 10 月 27 日。

然而，在实验前一天——10 月 26 日清晨，戈壁滩天气陡变：大风呼啸，天昏地暗……如此恶劣的天气，实验还能否如期进行？下午三四点到实验场时，张其彬和大家都担心。按规定，风速超过 15 米 / 秒，温度零下 11 摄氏度以下，就不能进行这个实验了。而当时最大风速达 25 米 / 秒，气温降至零下十几摄氏度。但在征求了气象专家的意见后，中央果断决定实验如期进行，所有的设备、人员按计划进场。

张其彬回忆，由于风沙太大能见度太低，十几米外已视物不清。下午三四点，天空昏暗如夜，车队进场时，不得不集体编队打开大灯，一辆接一辆地紧跟着向目的地进发。车跟太紧怕造成追尾，稍一拉开距离车就可能走丢。由基地司令员李富泽和部队政委高震亚负责运载导弹和原子弹去两个地方进行测试的车队，竟然沿着电线杆走迷路，在走岔了 50 多公里才回归正途，3 个多小时后终于到达目的地。

10 月 26 日下午 5 时，仪器终于检测完毕，但是大风又带来了另一个难题——无法将导弹在风中顺利地竖到发射架上，只有组织人力拉绳子。开始时，16 个人拉还不行，后来又增加了 12 个人。28 个人拽着、扶着、拉着，配合着吊车，慢慢把导弹吊起来，再慢慢放下去，总算艰难地完成了这道程序。

## 七勇士留守操控

按计划，10 月 27 日发射核导弹。为防止意外事件，当时兰新铁路停运，数百万群众紧急疏散。26 日 21 时，地面准备工作完成，按要求，基地所有人员全部撤出。而地下室负责发射控制的，只留下了 7 个人：政委高震亚、参谋长王世成、技术助理张其彬、技师董连捷和刘启泉、操作手徐虹、中队长颜振清。张其彬回忆，当时的两弹结合发射塔，距离他们 7 人所在的地下控制室大约 100 米，深度 4 米。

地下室面积总共十几平方米，一旦出现意外，谁也不能保证能活命。于是，张其彬在日记本写下了这样的句子勉励自己：活着，为党的事业而战斗；死了，为党的事业而献身！张其彬如今坦然承认，当时心里很清楚，核武器实验的危险性。那时两弹结合的实验尚属秘密，不能明说，所以只能将其隐喻为“战斗”。

此后，人们把当时留在现场的 7 人誉为“七勇士”，又称“敢死队”。

在总撤离前，张其彬记得聂荣臻元帅到地下室看望了他们。聂荣臻对他们说：祝你们身体健康，祝我们发射成功！当晚，国防科委的首长还为 7 人戴上了毛主席像章。27 日黎明终于来临，他们意外地发现地下控制室门外，竟然还有一个人默默地陪了他们一夜——基地司令员李富泽在外面爬梯间里坐着陪了 7 人一夜。

张其彬表示，李富泽是一位参与指挥过辽沈战役身经百战的老将军。中华人民共和国成立后为了国防需要，来到酒泉基地，指挥这场同样意义重大的战斗。当时，李富泽想与 7 人战斗在第一线。但考虑到首长所肩负的重任和现场的危险性，7 人集体请求上级要求李富泽撤离。后来负责现场指挥的聂荣臻亲自打电话，命令李富泽迅速返回，他才依依不舍地离开了地下室。

## 聂帅敬酒七勇士

10 月 27 日晨 8 时 45 分，距发射仅剩下 15 分钟。在这最后 15 分钟里，张其彬跟操作员们一起进行最后的调试。十几平方米的小控制室里，满满当当的设备仪器在工作中散发出的热量，使室内温度迅速升高。室外地面上零下十几摄氏度，地下室里却是零上 40 多摄氏度。紧张忙碌中，七勇士汗流浃背，一个个热得头昏脑胀。

张其彬称，不像现在电视上演的要喊点火，按按钮。当时他们就是按照程序，拧动钥匙。8 时 59 分，参谋长下达命令：一分钟准备，开始倒计时！上午 9 点按时发射。地下室里，七勇士各有分工，聚精会神地紧盯着仪器。一片静寂中，只听表在嘀嗒嘀嗒地响，心在怦怦怦地跳……五、四、三、二、一，——发射！

一阵火焰喷射，导弹携原子弹呼啸着腾空而去，转瞬间消失在浩渺无垠的天幕。顾不上欢呼，也没有等到原子弹爆炸，7 人中的徐虹、颜振清、刘启泉等 3 人冲出了控制室。按照规定的程序，这时他们必须开始工作，基地上还有许多发射后的任务等待着他们。几分钟后，张其彬冲了上来喊道：爆炸了！

当晚，基地召开庆功宴。地下室留守操控发射的 7 个人被安排坐在主桌，聂荣臻、钱学森等首长、专家们坐在旁边的桌子上。张其彬回忆，聂帅带着大家向他们 7 人敬了酒。聂元帅说：实验成功的消息传到了北京，周总理来电话，代表党中央、毛主席以及国务院，向参加这次实验的全体同志表示祝贺！“这是第一次元帅给我们敬酒啊！”张其彬回忆说，当时他的眼睛都湿润了。

从 1966 年两弹结合实验至今，48 年过去，张其彬参与了共和国 49 次不同类型的发射工作，其中包括 1970 年的第一颗人造地球卫星研制，1984 年第一颗通信卫星研制以及 1985 年战略导弹研制。直至 16 年后的 1982 年，发妻田绍华才第一次从电视上得知，丈夫张其彬原来一直从事航天事业。

此次回乡，张其彬夫妇打算住上几天，见见老家同辈的亲友。对早已定居天津的他们而言，只不知下一次回乡，又将在何时？

（摘自人民网 2016 年 11 月 21 日）

# “国家的需要，就是我的责任”

王辰阳

“国家的需要，就是我的责任。”这是“两弹一星”功臣袁承业生前经常讲的话，也是他的行为准则。2018 年 1 月 9 日晚，著名有机化学家、中科院院士、中科院上海有机化学研究所研究员袁承业因病医治无效，在上海逝世，享年 94 岁。

## 赤子之心

袁承业 1924 年出生在浙江省上虞市小越镇的一个知识分子家庭，父亲袁开基早年留学美国，是化学博士。袁承业子承父业，自小喜欢化学，并最终选择了化学研究的人生之路。

从国立药学专科学校（中国药科大学前身）毕业后，袁承业在上海人民制药一厂任技术员。1951 年 5 月，袁承业被批准加入中国共产党，6 月被调入上海磺胺药厂筹备处工作，7 月中旬赴苏联留学。

在苏联，语言不通，袁承业突击学俄语，最多每天学 7 个小时。在莫斯科全苏药物化学研究所学习期间，袁承业基本上每天最后一个离开实验室。4 年后，袁承业以优异的成绩通过论文答辩，取得科学副博士学位（苏联学制）。

袁承业 1955 年学成归国，被安排在化工部当管理干部，然而，他钟爱化学研究，希望能在科研一线工作。几经努力，1956 年秋袁承业从化工部调到中国科学院有机化学研究所工作。这次工作调动是袁承业人生的转折点。

## 改变研究方向

多肽合成、电离辐射化学防护药物、防毒浸渍剂……袁承业在中科院有机化学研究所工作取得了一系列进展。随后，国家安排的一项更重要、更艰巨的任务落在了袁承业肩上。

1959 年下半年，“两弹一星”等国防任务有急切需要，中科院上海有机化学研究所承担了核燃料萃取剂研究任务。“国家的需要，就是我的责任。”强烈的理想信念打消了袁承业对改行的疑虑，他决心自力更生为我国原子弹的研制贡献力量。

急国家之所急，参与任务的科研人员，昼夜工作。袁承业曾组织研究人员一起去东北偏僻的矿山，在现场做萃取实验。

经过一年多努力，袁承业带领研究组胜利完成了核燃料萃取剂的研究任务，成功研制出一系列关键萃取剂。1964 年，我国第一颗原子弹爆炸成功。“两弹一星”元勋钱三强后来评价：20 世纪 60 年代初，提取铀用的萃取剂研究，在当时是对国防建设起关键作用的。没有它就提不出铀。

承担核燃料萃取剂研究任务是袁承业研究方向的一次关键性改变，也是他人生旅途中的又一个重大转折。此后，袁承业组织社会调查，根据国家建设需要，自选研究课题，开展了军转民用的萃取剂研究。

“立足基础，着眼应用”是袁承业始终坚持的原则。袁承业和他领导的研究团队，通过几百个化合物的合成和萃取实验，找到了一系列性能良好、品种齐全的萃取剂，其中有 11 个品种实现了工业生产。

## 科研永不止步

“随着现代科学的发展，研究纯粹的、经典的、单一学科的课题已经很少了，大多数被多学科相互交叉、相互渗透的综合性学科所取代。”袁承业在一篇文章中说。

言行合一，他在科研的道路上不断创新实践。袁承业带领学生开展具生物活性有机磷化合物的新研究。他在九旬高龄时，还关心着钍基熔盐堆盐湖战略资源及锂同位素萃取分离等国家重大项目的研究，并为此向中国科学院提交《院士咨询报告》。

袁承业还有一个身份——国务院首批批准的博士生导师，他先后培养了 40 多位研究生。袁承业把研究生的培养看作自己科学研究生涯的一个重要组成部分，他坚持“研究生注重的是培养，不是当劳动力使用”和“研究生的培养不能只靠导师，还要靠导师研究团队的集体智慧”。

90 届博士生王国洪是袁承业的得意门生，袁承业在王国洪毕业后推荐他赴美从事博士后研究工作。王国洪在家乡江苏常州建立了一家生物科技公司，用所学的知识回报家乡。

“袁先生不仅关心我的学业，还关心我的个人大事，我结婚的时候，袁先生在他家里给我举办婚礼，我在袁先生这里，从做人到做研究都学到很多东西，这些东西不仅自己受用，我还用来教育我的双胞胎女儿。”王国洪说。

“作为科学家，在他生命的最后一刻，也应该问问自己，我这一辈子为国家做了哪些有用的贡献。”袁承业常用保尔·柯察金的话来要求自己和激励年轻人。这句话是对他一生最好的注脚。

（摘自新华网 2018 年 1 月 14 日）

# 东方红一号，你想知道的都在这里

余晓洁　李国利　喻　菲

国务院将每年 4 月 24 日设立为“中国航天日”。

为什么选 4 月 24 日？

1970 年 4 月 24 日，我国第一颗人造地球卫星“东方红一号”发射成功，拉开了中国人探索宇宙奥秘、和平利用太空、造福人类的序幕。

让我们伴随着《东方红》的乐曲，重温 46 年前新华社向世界播发的一份电文——

**“新华社四月二十五日讯：一九七〇年四月二十四日，我国成功地发射了第一颗人造地球卫星。卫星运行轨道，距地球最近点四百三十九公里，最远点二千三百八十四公里，轨道平面和地球赤道平面夹角六十八点五度。绕地球一周一百一十四分钟。卫星重一百七十三公斤。用二十点零零九兆赫的频率，播送《东方红》乐曲……”**

## 听得见

在宇宙“唱”响《东方红》的“神器”长什么样?

几经找寻，我们在北京航天城中国航天科技集团五院502所里找到了“东方红”乐音盒的“双胞胎”兄弟——备份乐音盒。

这个小兄弟保存完好，金色外壳，“东方红”三个字锃亮发光。

它的“孪生哥哥”是怎么“唱”《东方红》的呢?

科研人员从火车站的钟声中受到启发，用电子线路模拟铝板琴演奏清晰悦耳的《东方红》乐曲。从“音键”的选择、调配，到所有元器件、材料和测试仪器，经过上百次试验，终于取得了令人满意的效果。

测控站将接收到的东方红一号卫星传回的音乐信号录制成磁带，专机送往北京，供中央人民广播电台向全世界广播。当年在发射东方红一号的酒泉卫星发射中心测量站任技师的侯同来说：“我专门跑到主机房去听卫星播送的《东方红》，觉着特自豪!”东方红一号发射成功，标志着中国成为世界上第五个能够独立研制和发射人造卫星的国家。

新加坡《民报》说：“中国成功地发射了第一颗人造地球卫星，从天外飞来的音波，不但震荡了举世的人心，也使美、苏两国闻之相顾失色。”

1957年10月4日，世界上第一个人造地球卫星由苏联发射成功。它的呼叫信号是滴滴答答的电报码，遥测信号是间断的。

## 看得见

它飞得那么遥远，肉眼能看见吗?

东方红一号的外形为近似球体的72面体。尽管72面体的外形设计能使卫星在旋转时闪闪发光，但由于卫星直径只有1米，本体亮度只相当于六等星。

聪明的中国人自有办法！七机部第八设计院（现中国航天科技集团五院508

所）专家们想出了“借箭显星”的妙招。

长征一号第三级火箭跟卫星一起入轨，如果能找到火箭，就能找到东方红一号了。

专家们做了一条聚酰亚胺绸“围裙”，把第三级火箭包起来，表面镀上铝。火箭随卫星入轨后，“围裙”撑开直径达 4 米。阳光照射下，亮度接近可观察的二等星。

1970 年 4 月 25 日晚 8 点 29 分，卫星飞经北京上空。

大地沸腾了！在全国各地，人们激动地仰望着太空，仔细寻找着那颗中国星。许多 4 月 24 日这天出生的婴儿，不约而同地有这样一个名字——“卫星”。

当时，我国对卫星飞经各国首都上空的时间进行了预报，以便各国观测，在国际上引起强烈反响。

东方红一号卫星，在跟踪手段、信号传输形式和星上温控系统等技术方面，均超过了苏美等国首颗卫星的水平。

## 上得去

“运载火箭的能力有多大，航天的舞台就有多大。”

运载火箭进入空间的能力是探测和利用空间的前提与基础。长征一号标志着中国具备了进入空间的能力，标志着中国驶入了走向太空的“快速路”。

虽然，东方红一号“小几岁”，但是把它送入太空的我国第一枚运载火箭长征一号也是“蛮拼”的。

从托举各国第一颗卫星的质量记录看，长征一号“举重若轻”。

来自长征系列火箭的摇篮——中国航天科技集团一院的数据显示：中国第一颗人造卫星质量比前 4 个国家首颗卫星的质量总和还要多近 30 千克。

在地球上向远处发射炮弹，当炮弹速度达到 7.9 千米 / 秒时，不再落回地面，而绕地球做圆周飞行。这就是第一宇宙速度 $V_1$，也是人造地球卫星绕地球做匀速

圆周运动必备的速度。

长征一号运载火箭一、二级选用液体燃料，第三级采用固体火箭。火箭全长 29.46 米，最大直径 2.25 米，起飞推力 1020 千牛。

长征一号是怎样让东方红一号达到 $V_1$ 的?

早在 1958 年，毛泽东就提出：“我们也要搞人造卫星。”

中国科学院开始了人造卫星的规划工作。“开始以为很快能搞成，随后发现条件不够，科技人员缺乏基础理论知识。”96 岁还在坚持工作的王希季院士说。

1964 年，中国相继成功发射了第一枚弹道式导弹、爆炸了第一颗原子弹。一系列进展为发展人造卫星奠定了基础，卫星计划被重新提上议事日程。

“周总理主持中央专委会议，原则批准了中国科学院《关于发展中国人造卫星工作规划方案建议》，确定整个卫星工程由国防科委负责组织协调，代号‘651’。全国的人、财、物均为‘651’开绿灯。”任务的行政负责人戚发轫院士回忆说。

## 第三级

1965 年，诞生于四川泸州的我国首个固体火箭发动机研究院所——七机部第四研究院北上搬迁到呼和浩特，扎根在内蒙古大青山脚下。现在，它属于中国航天科工六院。

“当年的条件之艰苦是现在的年轻人难以想象的。没有天苍苍，野茫茫，风吹草低见牛羊的诗意画面，有的是满眼荒漠和夜间出没的野狼。科研人员和农民一起住在‘干打垒’的土房子里，主食不够土豆充饥，埋头画图设计。”院里的老同志说。

参加了长征一号第三级固体火箭研究、设计、试制、试验直至发射飞行全过程的陈克明清晰记得当年那段“压力山大”而又激情燃烧的岁月。

“1966 年 11 月 29 日，杨南生副院长向我和另外 4 名同事传达了七机部关于研制长征一号火箭第三级固体火箭发动机的指示和要求。在那个动荡的年代，杨副

院长奔波在方圆十多公里的厂区，把骨干动员出来工作。”陈克明说。

功勋试车台，默默记录着当年惊心动魄的一幕幕。

为了抢建高空模拟旋转试车用的试验设施，杨南生累得坐骨神经痛。人们常常心疼地看到他不得不用单腿蹬车。

1968 年 1 月 26 日，白毛风肆意呼啸。高高试车台上，长征一号火箭第三级固体火箭第一次旋转试车开始了。杨南生让下属们往后退，自己在最前面。双眼紧紧地盯着即将喷火的地方。

30 秒，15 秒，没能往下数，发动机爆燃，脱缰野马般吼叫着飞出试车台……

杨南生立即组织力量检查、分析。他指导工作人员先后解决了脱粘和燃烧后某种成分沉积的问题，后 19 次试车，均获成功。

“正是第三级固体火箭在‘最后一公里’的有力一推，将中国人的首枚人造卫星提速到第一宇宙速度，实现绕地飞行。”王希季说。

赤胆忠心铸“箭心”。

钱学森曾这样评价：中国固体火箭发动机取得的成绩，完全是靠自力更生得来的，没有外国援助，没有经过仿制的阶段。这是一个伟大的成绩，是中华民族的骄傲。

## 算算算

互联网时代的我们，难以想象当年为发射一颗卫星，要付出多么艰苦的计算。

中国航天科工集团二院退休老专家宋庆元的青春就是在为国之重器算、算、算中度过的。

“单位只有一台计算机，大部分时候用手摇计算器。计算一个弹道耗时一个月。计算纸垒了一房间。我们不知道具体为什么算，但知道在为国家做很重要的事，所以夜以继日。”80 岁的宋庆元女士说，自己 21 岁一毕业就进入国防科工领域。

耄耋之年，那个“很拼”的年代的“很拼”生活时常在她脑海回放。

“那会我第二个孩子特别小，刚会跑。我一出家门，孩子就追在后面，哭喊妈妈。家里老人就跟在孩子后面撵。我心里酸酸的，但一想到工作重要，还是一天天坚持。”

直到发射成功后，宋庆元才知道自己算的是中国首枚人造卫星轨道数据。

“那一刻，觉得所有辛苦都是值得的。”宋庆元说。没想到，更大的惊喜在后面。作为东方红一号研制人员的代表之一，她被邀请“五一”劳动节上天安门。

“先是周总理进来了，他向同志们问候辛苦了。8 点左右，毛主席出现在城楼上，挥着手走向大家。后来，他微笑着和我们一一握手。我特别激动，幸福的泪水夺眶而出。”宋庆元说。

## 新起飞

东方红一号设计工作寿命 20 天。但它实际在太空中工作了 28 天。

它的外形为近似球体，依靠银锌电池供电。“球形设计兼顾多方考虑。”曾担任东方红一号卫星总体组副组长的潘厚任说：一是可使卫星有较大的结构利用空间；二是在平面上粘贴太阳能电池片比在曲面上粘贴更方便可靠。东方红一号采用自旋稳定方式，有利于降低能耗。

“虽然早已停止工作，但东方红一号还在太空中飞行。”长征一号火箭轨道组组长李颐黎说。

整整飞了 46 年，那么东风红一号是从哪起飞的呢?

大西北的巴丹吉林沙漠边缘，中国酒泉卫星发射中心从当年鲜为人知崛起为世界知名航天发射中心。

“1958 年 10 月，中国酒泉卫星发射中心正式组建。当时，国家财政十分困难，党和政府举全国之力来建设我国的第一个综合导弹试验靶场。就拿中心的这条铁路来说，当时就投入了 5960 万元，而当年全国一年的财政收入才 370 多亿元。”中

国酒泉卫星发射中心党委书记夏晓鹏说。

戈壁沙丘下的指控室里，当年使用过的仪表设备显得简陋陈旧，只有墙面的标语依然醒目：“一定要在不远的将来，赶上和超过世界先进水平！”

赛跑还在继续。

与老塔架遥相呼应的，是载人航天工程宏伟气派的天蓝色新塔架。

1992 年，中国载人航天工程正式启动，酒泉卫星发射中心以其独特的环境条件和雄厚的科技实力，被确定为载人航天发射场。

迄今为止，这里先后发射了 99 颗卫星、10 艘飞船和“天宫一号”目标飞行器，组织实施了一千多枚各类火箭试验，创造了在我国航天事业发展史上诸多“第一”。

2016 年，我国将在中国酒泉卫星发射中心发射“天宫二号”和“神舟十一号”。

中国航天，风雨兼程一甲子，正迎来新的起飞。

（摘自新华网 2016 年 4 月 21 日）

# 中国的骄傲：钱学森

佚　名

今天，让我们一起回望一位伟人。他的身上有这些光芒璀璨的标签：“中国航天之父”“中国导弹之父”“火箭之王”……有人说他一个人抵得上五个海军陆战师。他曾说：“我是大唐的后代，我的一腔热血只图报国。我的根在中国。”他，就是钱学森。

2017 年 12 月 11 日，就是他诞辰 106 周年纪念日。

今天，让我们再一次走近伟人！或许，我们无法选择像他们一样，但是我们可以选择记住他们的名字，告诉我们的孩子与身边的人。祖国，终将选择那些选择祖国的人！祖国，终将记住那些报效祖国的人！

## “学神”钱学森

面对钱学森那漂亮的成绩单，“学霸”一词似乎不能完全表达我们的膜拜之情，“学神”才更贴切。

除了天赋异禀，钱学森的“学神”气质也和他所接受的启蒙教育有关。

1923年至1929年，是钱学森一辈子忘不了的六年。当时他就读于北京师范大学附属中学。他曾不止一次地对人说：“在我一生的道路上，有两个高潮，一个是在师大附中的六年，一个是在美国读研究生的时候。”

那是一段令钱学森最难忘的青春岁月：每天中午吃了饭，大家在教室里讨论各种感兴趣的科学知识，数学、物理、化学……不怕考试，不死记书本，玩得也很痛快，天黑才回家。学校形成的考试风气与今天迥然不同：临考前从不紧张备考，绝不因明天要考试而加班加点背诵课本。“大家重在理解不在记忆。不论什么时候考，怎么考，都能得七八十分。”

钱学森入中学时，校长是著名进步教育家林励儒（林劢儒：曾任中华人民共和国教育部副部长）。当时，林砺儒着力进行学制改革，制定了一套以启发学生智力为目标的教学方案。在他的领导下，附中的教与学弥漫着民主、开拓、创造的良好风气，成为得天独厚的一片沃圃佳苑。

“公式公理、定义定理，是根据科学、根据逻辑推断出来的，在课堂如此，到外面如此；中国如此，全世界如此，即使到火星上也如此！”教几何的傅钟荪老师用古汉语自编讲义，使钱学森“第一次得知什么是严谨的科学”。

而后，钱学森顺利地完成了上海交大、麻省理工学院的学业并追随当时在加州理工学院的力学大师冯·卡门教授。钱学森形容这段求学让他“一下子脑子就开了窍”。

一次学术讨论会上，老师冯·卡门讲了一个非常好的学术思想，美国人叫“goodidea”（好点子）。有人问：“卡门教授，你把这么好的思想都讲出来了，就不怕别人超过你？”卡门说：“我不怕，等他赶上来，我又跑到前面老远去了。”

当时整个加州理工学院校园弥漫着创新的学风。据钱学森回忆，“这里的创新还不能是一般的，你必须想别人没有想到的东西，说别人没有说过的话”。

到加州理工学院的第二年，即 1937 年秋，钱学森就加入“火箭俱乐部”，是五位创始人之一，他担当起了理论设计师的角色。而火箭在当时还属于幻想中的东西，大家把小组称为自杀俱乐部，因为火箭和火箭燃料的研究，实在充满了危险性和不确定性。这个俱乐部就是如今美国航空航天局（NASA）旗下著名的喷气推进实验室（JPL）的前身。这个实验室主导了 NASA 包括月球和火星探索在内的诸多项目。

## 老师钱学森

钱学森说：“想到中国长远发展的事情，我忧虑的就是这一点。”他所说的“这一点”就是如何培养出创新型人才。

“今天的大学，能做到这样吗？大家见面客客气气，学术讨论活跃不起来。怎样能够培养创新人才？”创新是一种探索性的实践，意味着从无到有、开风气之先，意味着风险和挑战。创新要有胆气，不惧权威；创新也需要容错试错。钱学森深谙这个道理。曾与钱学森先生共事过的航天专家沈辛荪回忆说，向钱学森请教问题时，他从不说“你做得不对”，而总是说：“你换一个思路，再考虑行不行啊？”总是用商量的语气，但实际确是在启发。“钱老从不直接给出答案，而是鼓励年轻人独立思考。”

钱学森不仅鼓励创新，在教育理念上也很新潮。

“难道搞科学的人只需要数据和公式吗？搞科学的人同样需要有灵感，而我的灵感，许多就是从艺术中悟出来的。”除了醉心学术，钱学森最大的爱好就是古典音乐。从中受益的他也不忘启发后人。2005 年 7 月和 2009 年 8 月，在国务院总理温家宝两次登门看望时，钱学森当面就“创新人才”培养问题提出了建议，还提出了“处理好科学和艺术的关系，就能够创新，中国人就一定能赛过外国人”的观点。钱学森说：“一个有科学创新能力的人不但要有科学知识，还要有文化艺术修养。”

钱学森晚年看电视看到汽车广告，一看，都是外国汽车，他就说“泄气、泄气”。儿子钱永刚说中国汽车也是“外国心”。钱学森问道：“这些人怎么了？人都干什么去了？现在生活水平高了，更有条件出成果，为什么还弄不成?”

## 戎装钱学森

钱学森，这位科学泰斗还有一个特殊的身份——共和国军人。1970 年 6 月，中央军委任命钱学森为国防科技委员会副主任，主任由聂荣臻元帅兼任。尽管没有军衔，他却成为指挥国防科技战线千军万马的将星北斗，攥紧了中华民族自强不息的铮铮铁拳!

作为一名军人，他兑现了自己的使命与担当。新华社发布的《钱学森同志生平》中，概括了他的 11 项“第一”——中国第一枚近程地地导弹发射试验，中国首次导弹与原子弹“两弹结合”试验，中国第一次潜艇水下发射导弹……这些“第一”，划时代地改变了中国，也划时代地改变了世界!

1945 年 4 月，钱学森作为冯·卡门的主要助手，第一次来到当时世界上火箭技术最为先进的纳粹德国，做了详尽的记录，为撰写考察报告提供了重要依据。此报告总共 13 卷，冯·卡门执笔第一、二卷，钱学森完成第三、四、六、七、八卷中 7 个部分的编写。10 年后他毅然回到大洋彼岸的祖国，成为中华民族砺剑铸盾战场上的大英雄。钱老说：“中国人民说我为国家、为民族做了点事，就是最高的奖赏，我不稀罕那些外国头衔……”

1998 年，“两弹一星”功勋奖章获得者王淦昌因病逝世。离家数十载，家人竟不知道他去了哪里。因为保密，王淦昌改名为王京。一年除夕夜，他与邓稼先在帐篷里相互敬酒，邓稼先对他说：“叫了王京同志几十年，叫一次王淦昌同志吧!”言毕，两个人抱头痛哭……

2009 年，人民科学家钱学森逝世……

2010 年，物理学家钱伟长逝世……

2011 年，核物理学家朱光亚、光学家王大珩、自动控制和导弹技术专家黄纬禄逝世……

2012 年，火箭技术和结构强度专家屠守锷逝世……

2013 年，水利水电学家张光斗逝世……

2014 年，气象学家叶笃正、金属学及材料学家师昌绪逝世……

2016 年，材料学家严东生逝世，“两弹一星”元勋陈能宽逝世，还有为发展我国航天事业鞠躬尽瘁、死而后已的梁思礼同志……

2017 年 2 月 12 日，中国导弹与航天事业开创人之一，曾任卫星工程总设计师的“两弹一星”元勋任新民逝世。

“我在美国有一个好朋友林桦（他已经去世了），当年我们都在美国留学，我回国了，他留在了美国。他是波音宇航公司的首席科学家，我曾是航天部的总工程师。他搞的是美国的洲际导弹，我搞的是中国洲际导弹。他的年薪是 30 万美元（20 世纪 80 年代），我的工资只有他的百分之一，他住在西雅图一个小岛上的高级别墅……我住在很普通的单元房子里。”“有人曾问我对此有何想法，我的回答是，他干的导弹是瞄准中国的，我干的导弹是保卫我们祖国的！”这段话中的“我”是梁思礼院士，中国火箭系统控制专家，梁启超最小的儿子。

这些老一辈的科学家是中国不同科技领域的开拓者、奠基人，是国际知名的大师级科学家！

这些老一辈的科学家是一个时代的符号，带着中华人民共和国艰辛成长的民族记忆，也是我们这个多灾多难民族百年苦难辉煌的亲历者、见证人。

这些老一辈大师已逝，而我们这一代迎接挑战的压力更大。

今天，“大师”“大家”“大腕”称谓不时在耳边响起，但是能真正称之为“大师”的，想来并不多，能对人类文明进步产生深远影响的中国大师级人物更是凤毛麟角。

何谓“大师”？有巨大成就而为人所景仰的学者或艺术家。大，显其宏博，世人难及；师，显其杰出，为世人师。

今日之中国，由大向强，尤需大师！

（摘自微信公众号“人民日报”）

# 一部刑法典 38 稿 25 年

韩　寒

1979 年 7 月 1 日，《中华人民共和国刑法》表决通过，结束了新中国没有刑法典的历史。一部法典，为何竟写了 38 稿，25 年？

这一部法典的问世，与一位法学大家密切相关，他就是人称刑法学界“北高南马”的高铭暄。

2011 年 6 月，武汉入了梅，淅淅沥沥的雨下了整整一个月。

一位年过八旬的老先生，由弟子搀扶着，蹚着没过了脚踝的水。

他从北京来，去医院看望另一位年过八旬的老先生。

“他刚刚睡醒，静静地躺在那儿，说话已经不多了，闭着眼，听到有人来，睁开眼。我们对视了半天，他认出来是我，点了点头，示意他知道了。”五天后，病榻上的人驾鹤西去——中国刑法学界极负盛名的两座高峰“北高南马”中的“南马”轰然倒塌，剩下“北高”孤峰独立。

“北高”高铭暄和“南马”马克昌合作，编写了全国第一本刑法统编教材《刑法学》，总发行量接近200万册，打下了新中国刑法学的框架，被奉为新中国刑法学开山之作。

在北师大丽泽楼一方书房内，高铭暄静静地坐着，陷入沉思。

这一年他84岁。

## “刑法长着一张父亲般的脸，威严而慈祥”

1928年，初夏。

浙江省玉环县鲜迭村，三面环山，一面临海，高铭暄出生在这里。沙滩金黄，草木葱茏，涛声与渔歌交叠入耳，祖母家良田数十亩，生活富足，在他的记忆里，童年是一段美好的时光。

还记得村口有座杨府侯王庙，逢年过节请戏班子搭台唱大戏。幼小的孩童分不清唱的是昆曲还是越剧，只觉热闹异常。小小的高铭暄挤不到前面去，只得爬到戏台子对面的屋顶上引颈张望。《火烧红莲寺》《白蛇传》《打銮驾》……台上旗幡变幻，“好人”与“坏人”的朦胧认知在他脑海中埋下种子。

在当地渔民看来，高家很了不起，出了读书人，任职上海特区地方法院书记官的父亲在大家看来是“做官的”。高铭暄最盼望父亲来信，信封上赫然印着“上海法院”，父亲的一手行草也写得极其漂亮，信的内容多是鼓励他开卷有益、要多读书。

1937年冬，上海沦陷。不愿为日本人卖命的父亲弃官回家，9岁的高铭暄与父亲的接触多了起来，“父亲穿着读书人的长衫，坐在堂屋里，颇有些威严，我们自然不敢造次”。

“刑法长着一张父亲般的脸，威严而慈祥”，“威严”因之惩治犯罪，“慈祥”为其保障人权，这是日本刑法学家西原春夫对刑法的感悟。“威严”与“慈祥”，也是高铭暄对父亲的印象。

小学毕业，高铭暄考上了瓯海中学，离开故乡，赴温州求学。学习之余，他爱看《封神榜》和《七侠五义》，对五鼠闹东京的故事最感兴趣，上海《东方杂志》《小说世界》上刊载的侦探类小说也是极佳读物。此后，父亲辗转至杭州地方法院任推事，一度也在浙江高等法院任审判官，主理刑事案件。高铭暄开始逐渐理解父亲的职业——“为老百姓排解纠纷、打理官司”。

1944 年春，战火频仍。高铭暄升入温州中学高中部。学校订了《浙瓯日报》《温州日报》贴在橱窗里，他经常在报栏前驻足。看到一些不公正的事件报道时，内心的正义感呼之欲出。受父亲的影响，他觉得“法律”是一个高尚的职业，便在高考时填报了三所高校的法律系——复旦大学法律系、武汉大学法律系、浙江大学法律系。高考结束，三所大学同时录取了他。

1947 年夏，高铭暄选择了浙江大学法律系，奔杭州的父亲而去。

在这里，他碰到了影响他一生的人——著名国际法专家李浩培先生。李先生时任浙大法学院院长，是竺可桢校长亲自从武汉大学请来的，之前是武汉大学法律系主任，韩德培先生的前任。

“他站在讲台上，给我们讲授刑法，思路清晰，案例生动，板书漂亮。也许是从英伦学成归来，他看起来风度翩翩。我下定决心，一定要把刑法学好。”

其实身为国际法专家的李浩培先生教授刑法本是出于“无奈”，当时浙江大学法学院没有刑法学方面的老师，只得由院长代课。许多年过去，高铭暄也成为法学界举足轻重的人物后，李浩培在一个场合打趣道：“我一辈子就教了那么一次刑法，就教出了高铭暄。”

先生的影响并不仅限于将他引进刑法学知识的殿堂，在作风与为人方面更是他的引领者。当时，浙江大学法学院一年级上课不在市区，而在郊区华家池，李浩培从来不坐黄包车，坚持步行五六公里去给学生上课，风雨无阻。

“他是院长，可是他很简朴。与很多院长不一样，他不醉心于搞行政，只是一个纯粹的学者。我们去他的办公室，经常见到他桌子上堆着一摞英文书。”这种风骨，也渗入了高铭暄的骨髓，并延绵一生。

1949 年 5 月，杭州解放。因废除国民党“六法全书”，浙江大学法学院停办。许多同学在人民干部学校参加了短期培训就参加工作去了。大二的高铭暄面临着一个艰难的抉择：是参加工作，还是继续完成学业？不参加工作怕被别人说“落后”，参加工作又觉得学业半途而废、辜负父亲的期望。

“那时我才 21 岁，还太年轻，不想辍学，想继续念书。”

李浩培先生惜才，将他介绍给自己在东吴大学的同学、时任北京大学法律系系主任费青，费孝通的哥哥。

车轮滚滚，高铭暄的求学梦沿着铁轨一路向北。

背井离乡，虽是有些为时局所迫，然而，等待他的，或许是他在东南一隅从未想过的共和国大舞台。

1949 年 10 月 1 日，毛主席在天安门城楼上宣告中华人民共和国诞生。作为北京大学的学生代表，21 岁的毛头小伙子高铭暄参加了开国大典。“我当时就站在现在人民大会堂这个地方，司法部、最高人民法院、最高人民检察署就在一街之隔……”

冥冥之中注定有缘，日后，高铭暄将与新中国的刑法制度设计紧紧相连。

## 1979 年 7 月 1 日这一天，结束了新中国没有刑法典的历史

在北京大学念完法学本科后，高铭暄又在中国人民大学获得刑法学硕士研究生文凭。毕业后，顺理成章地留在人大教书。

刚上讲台，他有种初生牛犊不怕虎的勇气，觉得自己系统学过法律，教书不成问题。未料知，人生中更大的机会与挑战来临。

1954 年 9 月，《中华人民共和国宪法》和《中华人民共和国全国人民代表大会组织法》等五部组织法通过，刑法的制定被提上日程。起草班子由全国人大常委会办公厅法律室负责组建，与中国人民大学联系后，高铭暄被派到了起草班子工作。这一年，他才 26 岁。

10 月，在北京西皇城根人大常委会会议中心四层楼的一间大屋子里，起草工作正式开始，“一个国家为什么要有刑法呢？刑法是一个国家的基本法，要维持国家秩序、要保障公民的合法权益，都需要刑法。”高铭暄心中的刑法，关乎人的基本尊严。

起草班子听从法律室主任武新宇的“指挥”，具体负责人是李琪，还有从中南局和东北局调来的同志，一共十多人，按章目和工作内容分了三个组。高铭暄并没有觉察到自己是在为共和国设计制度，没有那样高的自豪和荣誉感，只是踏实地做事，“肯定是听从领导安排，觉得自己就是个‘小萝卜头’”。他每天早上八点到办公室，汇编各类立法资料，包括解放区、中华民国法律和苏联、东欧、法国和德国等国刑法，还包括从我国一万多起刑事案件总结出来的司法经验材料，以方便规定罪名、刑种和量刑幅度。然后是写条文、开会讨论、征求意见。

工作很紧凑，天气好的时候，大家会到楼顶一起打打太极。

到 1957 年 6 月 28 日，已经草拟出 22 稿。这一稿经中共中央法律委员会、中央书记处审查修改，又经过全国人大法案委员会审议，并在第一届全国人民代表大会第四次会议上发给全体代表征求意见。会议做出决定：将第 22 稿进行修改后，作为刑法草案公布试行——中华人民共和国第一部刑法典眼看就要诞生。

然而草案却没有公布试行。

高铭暄分析，1958 年前后，反右派运动扩大化，“左”倾思想急剧抬头，反映到法律工作方面，“否定法律、轻视法制”的思想严重，认为法律可有可无，法律会束缚手脚，有了政策就可以不要法律。

刑法典起草工作停滞下来，一停便是四年多。

1962 年 3 月 22 日，毛泽东就法律工作明确指出：“不仅刑法要，民法也需要，现在是无法无天。没有法律不行，刑法、民法一定要搞。不仅要制定法律，还要编案例。”高铭暄看到了刑法典制定重新启动的希望。

5 月，刑法典草案第 22 稿开始全面修改，到 1963 年 10 月 9 日，拟出了第 33 稿。

然而不久，“四清”运动开始，接着，是十年“文革”，历经 9 年风雨才拟定的刑法典草案第 33 稿又被束之高阁。

风雨如晦的年代，法律制定者自身的命运也起伏不定。1969 年 10 月，高铭暄被指派到京郊的一家炼油厂劳动锻炼；一个月后被下放到江西余江的“五七”干校参加劳动。“我被分到了人民大学运输排，每天的工作是去打石场拉从山上凿下来的石头，把石头从地上搬到车上，码放整齐，再拉到工地。最辛苦的日子，是被分配到南昌运塘泥，从八一湖徒步拉到汽车站，几十里地，一车有好几百斤。前面一个人拉车，后面一个人扶着，每天跑十来趟，都是纯粹的体力劳动。”时年 41 岁的高铭暄，体力还算旺盛，也不觉得有多辛苦，可是令他惶惑的是，这样的日子什么时候是尽头？还能不能回北京？还能不能从事研究和教学工作？“去的时候，都让我们要做好思想准备，做好在那里长期安家落户的思想准备，我的夫人是北师大的老师，被分到了山西临汾参加劳动……”

在离开北京前，他将 1954 年至 1964 年间刑法典草案的第 1 稿到第 33 稿和所有意见汇编装订成册，交给人大法律系保密资料室保存。可惜不久后，这些珍贵的资料被进校的军宣队当作废纸付之一炬。

多年后，提起这段往事，高铭暄仍是心痛不已：“全国再也没有那么完整的资料了！如果那些资料保存下来，那我在 1981 年编写出版的《中华人民共和国刑法的孕育和诞生》一书就有几十万字，而不是 19 多万字了。”

20 世纪 70 年代初，北京一些高校师资力量缺乏，高铭暄和 90 余名原中国人民大学的中青年教师被调回北京，他被分配到北京医学院，先后做了教务干事、宣传干事。

逆境中，他心中的立法梦依旧未变，坚信着终有一日光明会到来。

“文革”结束，人大复校，高铭暄重返阔别已久的讲台。更让他感到欣喜的是，法制建设问题重新回归历史舞台。

“十年动乱，让人备感‘个人的尊严需要受到保护’，刑法一方面可以惩治犯罪，另一方面可以保障公民的权利。当人的基本尊严都不能受到保护时，社会还怎么运转？刑法典的出台迫在眉睫！”让他印象深刻的是，“文革”刚开始时，时任人大副校长被红卫兵从北京市委揪回来，在台上被摁着脑袋、弯着腰接受批斗，“真的有斯文扫地的感觉，哪里还有身为一个人的基本尊严？”

1978年10月下旬，刑法典起草再次开始，高铭暄仍然是起草班子成员。

又是200多个紧张的日日夜夜，1979年5月，刑法典草稿获得中央政治局原则通过。

高铭暄不会忘记这一天——1979年7月1日，人民大会堂，第五届全国人民代表大会二次会议全体与会代表举起手，一致表决通过《中华人民共和国刑法》，结束了中华人民共和国没有刑法典的历史。坐在大会堂三楼全程列席审议过程，高铭暄忍不住热泪盈眶，他抬头看了看手表，16时5分。

一部刑法典，写了38稿，历经25年。

## “剥夺人生命的罪刑，一定要慎重”

高铭暄是戏迷。

少年时，父亲得高人指点对戏曲颇有心得，曾指点高铭暄学一些名家唱段，《捉放曹》《四郎探母》等都能上口。“我喜欢唱老生戏，现代戏居多，古典的也唱一点，比如《搜孤救孤》，比如《空城计》，还有《打渔杀家》……”高铭暄最喜欢的唱词，是《洪羊洞》杨六郎那一句“为国家哪何曾半日闲空”。

他的一生，也应了这一句。

“第一部刑法典较为粗疏，原则强而不够具体，很多行为无法定罪。最为关键的是，当时为了防止罪名的遗漏，1979年的《刑法》规定了一条‘类推原则’——刑法分则没有明文规定的犯罪，可以比照刑法分则最相类似的条文定罪判刑。这样一来，对公民而言，就相当危险了——很多不是犯罪的行为也被当作犯罪来论处。特别是在特殊时期，例如‘严打’，许多正当的男女关系也被当作‘流氓罪’论处，显然量刑过重。”

觉察到这一点，从 1982 年开始，高铭暄力主开展刑法修改研究工作。

与“类推原则”相反，高铭暄坚持认为刑法当坚持“罪刑法定”原则——罪名不能类推，只能由法律条文明确规定。在 20 世纪 80 年代的讨论中，他与马克昌选取了“罪刑法定”“罪与刑相适应”“罪责自负（反株连）”“惩罚与教育相结合”四条原则，作为刑法的基本原则，写入了新中国第一本刑法学统编教材《刑法学》。

“罪刑法定”原则，通过这部统编教材，影响了一代又一代学子，并最终被 1997 年修订的《刑法》所采纳，成为当代中国刑法的基本原则。

除了原则的修改，敏锐注意到改革开放后社会环境急剧发生变化的高铭暄，还不断倡导变更法律条文以适应不断发展的社会现实。

“经济界向我们动议要取消‘投机倒把罪’，要符合整个社会经济发展基调的变化。在计划经济时代，为了惩治‘倒爷’们，规定倒卖是犯法的，而市场经济时代，则在一定程度上鼓励‘投机’。于是我们开始研究不断出现的新问题。”由高铭暄担任会长的中国法学会刑法学研究会，多次开会讨论刑法修改问题，为立法机关的决策提供依据。

高铭暄还接受全国人大常委会法制工作委员会委托，主持起草了《刑法总则修改稿》。

1997 年 3 月 14 日，第八届全国人大第五次会议上，刑法修正草案通过。高铭暄感到由衷的喜悦，“这一部刑法典由最初的 192 条增加到了 452 条，说明我国的法制体系日益完善。”

对于现行刑法，他认为还有需要完善的地方，例如死刑。“死刑作为刑种暂时废除不了，但无论如何，判处死刑的罪名不能增多，只能逐步减少。死刑要由最高人民法院核准之后严格执行。剥夺人生命的罪刑，一定要慎重。”

“未来的刑法，在定罪量刑的基础上，应当由‘行为社会危害中心论’转向以行为社会危害性为主、兼顾罪犯的人身危险性。要考虑到行为人的一贯社会表现，如果他犯罪的确是出于被逼无奈，那么法律应该考虑轻判。”已过从心之年的大学者，仍在思考中国刑事立法趋于完善的方向。

“所谓泰斗，只不过是从事教学工作长一点，比别人做得久一点而已。”虽然弟子们如今都成了人物，高铭暄却依然谦逊。

大弟子赵秉志，现任北京师范大学刑事法律科学研究院暨法学院院长；晚赵秉志一天答辩的二弟子陈兴良，现任北京大学法学院教授；得意弟子王秀梅，在国际刑法学研究领域游刃有余。“我现在已经是‘四代长老’了，赵秉志教出来的学生现在也已经是博导。”截至 2012 年 6 月，高铭暄带出了 51 个博士生，在读的还有 9 名。

84 岁了，他每天的主要工作仍是指导学生论文和著述。2012 年第 2 期《中国法学》和第 3 期《法学杂志》都有他和学生合作的论文。八十几万字的《中华人民共和国刑法的孕育诞生和发展完善》一书已于 2012 年 5 月份正式出版。

“泰斗”亦有“顽童”的一面。

年过八旬的老教授离不了讲台，有时会让弟子给他安排一两堂课，给本科生讲讲，过过上大课的瘾。自恃嗓音洪亮，他常常一讲三个小时也停不下来，有时还不用麦克风。回到家，老伴眯着眼、笑着打趣他：“过完瘾啦?”

不是没有做官的机会——“就我自己来说，我只是有股傻劲而已，认准了刑法学，就执着地追求，专业思想自始至终没有动摇，既不想当官，也不想经商，就想做一名合格的教授。”高铭暄在自选集里这么写。

在学校的联欢会和迎新会上，高铭暄偶尔会亮几嗓子，在研讨会开完后或者法学家茶座上也唱唱，还几次把歌声献给国际上的刑法学友人。

2009 年，第十八次国际刑法学大会在伊斯坦布尔召开。会后，高铭暄一曲“迎来春色换人间”唱毕，几百人掌声雷动。他隐约觉得回到了故乡和童年，拥挤的戏台下，调皮的孩子爬到戏台对面的屋顶向台上张望。只是这一次，不同的是，他站在台上，是全场的主角。

（摘自《光明日报》2012 年 9 月 15 日）

# 读懂“西迁精神”背后的人生选择

胡宇齐

“到农村去，到边疆去，到祖国最需要的地方去。”在当时是一代人的集体选择。这明显不是一笔用物质公式可以算清的账。在中华民族的价值谱系中，从来尊崇“兼济天下”，而非“独善其身”，从来讲“天下兴亡匹夫有责”，讲“好儿女志在四方”。在深厚的文化土壤和社会主义体制下，把个人得失放在国家利益后面，把个人选择融于国家需要之中，其实是一种自主选择。

“当时国家一声号召，我们觉得这就是应该去做的事情，就背上行囊，满腔热血一头扎进来了，一扎就是一辈子。”这些天，习近平总书记对西安交大“建校元勋”做出的重要指示引发热议，一位“西迁”老教授如是感慨。一封汇报书信，一次重要指示，引出一个光荣的群体，一段61年前的故事。

交通大学西迁，是一次响应祖国号召、跨越大半个中国的“行军”。1956年，面对“交大西迁”的战略部署，师生们义无反顾登上列车，从繁华的黄浦江畔奔赴千里之外的黄土地。不到半年，6000 多名交大人汇聚西安；仅一年多，新校园从麦田中拔地而起。此后，扎根在三秦大地上的西安交大成为祖国西部的科技高地，累计培养大学生 23.6 万余名，投身西部建设者达 10 万人之众。

类似交大这样的迁徙故事绝非个例，“到农村去，到边疆去，到祖国最需要的地方去”，在当时是一代人的集体选择。中华人民共和国成立之初，国力尚弱、百废待兴，面对困难重重的内外部形势，进行布局调整与边疆开发迫在眉睫。为“备战备荒”，数以千万计的建设者奔赴“三线”地区，内地工业产值的比重显著上升；为开垦戍边，百万“知青”向人迹罕至的东北荒原进发，“北大荒”变成“北大仓”；为研发“两弹一星”，一大批科技精英隐姓埋名扎根茫茫戈壁，“上不告父母，下不告妻儿”，终于石破天惊蘑菇云冲天而起……军人、农民、知识青年、科学家，他们的身份或许不同，但都投身时代洪流，去往祖国最需要的地方，用青春书写了那段中国人筚路蓝缕、艰苦卓绝的奋斗史。

祖国大地的沧桑巨变印证着建设者的丰功伟绩，亦是一座永恒的精神纪念馆。如今，不乏有人难以理解那个年代人的选择，甚至认为国家的安排压抑了个人选择。可是，当我们真正走近这批人，便会发现事实并非如此。谈及西迁，83 岁的潘季教授仍清楚记得，老一辈交大人满怀憧憬踏歌西去的场景，那种“开拓、创造、创新所带来的快乐”。谈及前往农场，“老知青”邓维嘉仍然自豪，50 多年前那份《请愿书》写着，“我们志愿到云南边疆做一名普通的农垦战士，为祖国的橡胶事业贡献自己的毕生精力！”在那样一个激情燃烧的年代，整个社会充盈着建设祖国的豪情，青年们争着抢着去往边疆，能与祖国同频共振，能为国家建设多出一份力，被视作至高无上的荣誉。

当年风华正茂的少年，今天已年近耄耋，忆起奋斗岁月，他们仍旧“无悔青春”“弦歌梦想”。他们的人生选择，明显不是一笔用物质公式可以算清的账。中国人自小耳濡目染的诗文、敬仰崇拜的英雄，无不有深入骨髓的家国情怀，关键时刻为国担当、为国奉献。在深厚的文化土壤和社会主义体制下，把个人得失放在国家利益后面，把个人选择融于国家需要之中，其实是一种自主选择。这种选择，鉴照着对祖国的深情大爱、对时代的如火热忱，永远在民族的精神星空中熠熠生辉。

今天，中国的发展水平今非昔比，但不平衡不充分的难题仍在，地区差距、城乡差距还是摆在全面小康社会之前的硬骨头。“西部开发”“乡村振兴”等号召，呼唤着新时代的有志青年，去广阔天地中创一番事业。随着国家实力渐强，我们已经可以创造更好条件，提供鼓励支持，最大程度免除开拓者的后顾之忧。相较当年，今天听从祖国召唤，更多兼容着为个人才能寻找施展舞台的丰富意蕴。海阔凭鱼跃，天高任鸟飞，传承精神血脉，扎根一方热土，定能书写出新时代的建设奇迹。

西迁故事距今已远，但西迁精神绝不能丢。这样的迁徙故事，是中国独有的时代记忆，也是中国发展奇迹的密钥之一。眺望前路，让我们传承好“西迁精神”，将个人的奋斗步伐深深印刻在国家发展历程之中，建功立业、再创荣光！

（摘自《北京日报》2018年1月12日）

# 人生没有荒凉地带

王　凡

2017 年 11 月，人民空军自由空战竞赛收官，新一代“金头盔”诞生了，其中一位获得者就是我过去的同事。“金头盔”是中国空军最高的荣誉之一，只有综合空战技能最优秀的飞行人员才有机会获得。

不了解工作条件，就难以理解同事获得“金头盔”的意义。单位在天山南部、塔克拉玛干沙漠的腹地。当年刚毕业被分配到这里时，和同学们在火车上还一起畅想着美好未来。可在一路向西的 40 多个小时里，大地渐渐褪去了色彩，只有黄色的沙漠和灰色的石头，大家的话也越来越少。后来几经辗转到了营区门口，看到一句话至今都震撼不已：“只有荒凉的沙漠，没有荒凉的人生。”

沙漠是死的，人是活的，只要心不死去，荒凉的环境又有什么可怕。同事的“金头盔”就是在这样的环境中磨炼而得的。在新时代，我们免不了要面临各种各样的挑战，唯有拒绝荒凉，人生才能绚烂多彩。

没有任何努力是白费的。我们单位有一个人数不多的演出队，2017 年 10 月底，同志们到驻青藏高原的一个单位慰问演出，那里气候恶劣，海拔高、含氧量少，常年冷风肆虐。为大部队演出完毕后，听说有一个被称为“海藏咽喉第一哨”的哨位常年只有一个人站岗执勤，演出队的同志们决定直接到哨位上加演一场。演出时，年轻的战友非常感动，流着泪说，因为有了这场演出，站岗时听到的才不止是风声。为国守卫的战士是可爱的，为战士演出是骄傲的，也只有真正走到了战士跟前，才知道所有的付出太值了。

就是这样一个个荒凉的地方，蕴藏着无与伦比的精神。新疆不全是长河落日、大漠孤烟，青藏高原也不只是蓝天白云、格桑雪莲，这片土地因为一代代热血青年的扎根坚守和创新奉献，托举起了伟大的事业，创造了人间奇迹。“两弹一星”的元勋们从戈壁深山中走来，新时代的“金头盔”飞行员从荒漠中翱翔九天，哪有什么真正的贫瘠，只要敢干敢拼，只要有个宽肩膀、练就真本领，就能让荒地变成沃土。

人生从来没有“荒凉地带”，即便存在一时的不如意，也要走出自己的“荒凉”。在不同地域、不同行业，恶劣的自然条件、滞后的基础建设、复杂的科研攻关、棘手的治理难题，还有心理的起起落落，都是人生必须要面对的“难”。解决这些问题不能回避，更不能掩盖，而是需要给自己拓展更大更宽的舞台。就像这些年，在我的身边，很多年轻同志把自己的“人生战场”标定在祖国的边疆、一线，把人生价值定位于人民安宁，他们跳出了深宅大院、舒适圈子，在最基层、最艰苦的地方积蓄人生出彩的力量。不管是军营“墩墩苗”的干部，还是如黄大年教授这样情系祖国的科学家，只要选择了离祖国更近、离人民更近的方向，就能交出一份完美的答卷。

庭院里跑不出千里马，花盆里栽不出万年松。勇立潮头的弄潮儿必定要在滚滚大潮中历练。新时代，人生出彩的舞台不在远处，就在人民需要的地方，在广袤的祖国山河里，在无边的基层天地间。

（摘自《人民日报》2018 年 1 月 12 日）

# 父亲生前最爱说的一句话：“总理是个伟人”

舒　乙

我记得我父亲老舍和周恩来是同一辈人。很多人问周恩来高寿，周恩来一般这么回答，他说：“我和老舍、王统照、郑振铎同庚。”

周恩来喜欢同文艺界的人士交朋友，和其中的很多人是生死之交。我父亲与周恩来相识在武汉。那时抗战刚刚开始，要组织一个文艺界抗战组织。根据现在了解的情况，是周恩来找冯玉祥商量，到底全国统一战线文艺家的组织由谁挑头比较好？周恩来建议不要让郭沫若和茅盾出面。最好另找一个人，这个人党派背景比较弱，但要非常爱国，文学上又很有造诣。冯先生是一个特别热心的人，就推荐了我父亲，说他一个人拎着一个小箱子刚由济南逃出来抗战，而他的家小又留在济南。是否可以请他出来主持这个事情？周恩来欣然同意。1938 年 3 月，在武汉成立了中华文艺界抗敌协会，是现在的文联和作协的前身。

大家一致推荐我父亲担任总负责人，当时不设主席，设立了一个总务部，主要是怕国民党当局派人抢占这个位子。总务部对外代表文联，对内管理会务，大家选举他。从那时候起，由他连任这个职务，一直到抗战结束。

成立大会在武汉总商会举行，周恩来出席并做了一次讲演。讲演非常生动。我父亲对成立大会还有记述，说周恩来讲演时，突然提出他要早一点退席，说是自己的父亲也由乡间逃出来了，今天就到武汉，他要去接他。这件事说明全国的老百姓都受到日本的侵害，全国都处在水深火热之中。据我所知，这是我父亲第一次在自己的文章里写到周恩来。

由那个时候起，我父亲就非常崇拜周恩来，一直到中华人民共和国成立后变成他最崇拜的一个人，最喜欢的一个人，提到的次数也最多的一个人。其中一个比较有影响的事情是，周恩来召唤我父亲从美国回国。我父亲 1946 年接受美国国务院的邀请，与曹禺先生到美国讲学去的时候，周恩来还在重庆。我父亲去同周恩来告别，同时请示他：我们该不该去？去了注意什么？周恩来搞了一次小型欢送会，请了许多人给他俩送行，还讲了许多话。

我父亲走了以后，国内进行了解放战争。到 1949 年 6 月，解放区和国统区两支文艺大军会合在北平，召开第一次文代会。推选第一次文代会的主要领导人时，周恩来就讲，现在缺一个人，这个人是老舍先生，他在纽约，咱们想办法把他请回来。

在周恩来的授意之下，当时大概有二三十位知名文艺家，都是我父亲的好朋友，就联名写了一封信，邀他回国。这封信通过地下党的关系转到纽约，送到我父亲手里。

我父亲接到这个邀请以后，立刻回国。当时他患有严重的坐骨神经痛，刚刚开刀。他忍痛秘密地赶回来，但没有赶上开国大典。

我父亲 1949 年年底回到北京。1950 年年初，在北京饭店举办了辞旧迎新的作家会议，周总理出席了这次聚会。这次聚会是为了欢迎我父亲归国。当时我父亲就住在北京饭店。周总理还上楼到他的房间去看他，两个人叙旧，非常高兴。周总理说：“你现在有了用武之地，你又是北京人了。”

因为我父亲出生于穷人家庭，他对这个新的政权非常喜欢。所以，有一种狂喜的感觉，他立刻投入歌颂新政权的文艺创作中来。1950年他写的第一个剧本《方珍珠》，送给中国青年艺术剧院去演。紧接着在同一年，他又创作了《龙须沟》。《龙须沟》实际上是周总理点的题，他还告诉人民艺术剧院的李伯钊："你记清了，老舍写的这个剧本，非常生动，为什么穷人喜欢这样一个新的政权，通过故事告诉大家一个浅显的道理。"我父亲愉快地接受了这个任务，很快写出本子。写出以后，周总理非常高兴，他喜欢这个本子，就请焦菊隐出来导演，一批年轻的演员来演。这些演员现在都是有名的演员了。演出以后，效果非常好。

全国开始演这个戏后，周总理就推荐毛主席看这个戏。毛主席一般喜欢看评戏、京戏、梆子戏，看话剧比较少。但周总理还是推荐给他，说这个戏你得看，这个戏好。所以在中南海为毛主席、朱老总等中央领导人专门演了一场。在演出之前，周总理专门把我父亲介绍给毛主席，说这个戏就是他写的。其实我父亲和毛主席在延安见过面的。这个戏最后使我父亲荣获了"人民艺术家"的光荣称号。

周总理是极力支持这个戏的。他建议周扬写一篇文章来表扬我父亲。文章的题目就很有意思，《向老舍同志学习》。事后全国的大文艺家都向老舍先生学习。为什么呢？因为老舍先生的文艺贴近社会主义的生活，贴近老百姓。

这个戏达到了它预期的目的，告诉老百姓，中国共产党为什么能够很快地掌握政权，不仅掌握，而且巩固下来，就因为它替老百姓办事。周总理看到这个价值，就大大地表扬他。

从这以后，周总理经常给我父亲出题："你要写个什么。"这个成了我父亲的口头禅，说，周总理又给我点题了，让我写个什么什么。他差不多一年写两三个，他进入自己的创作旺期。

在"三反""五反"时，周总理给他点了一个题，说：你要配合"三反""五反"写一个话剧，这个话剧很需要。这个题目很难，一般地讲，写作的时间与所写作的对象，要拉开一定距离，而这个"三反""五反"运动刚开始，周总理就给他点题了。所以他写得很苦，大概前后重写了10次。相当于写了10个剧本，整个剧本的手稿大约两打厚，现在《春华秋实》手稿摞起来特别厚，的确相当于写了10个本子，用了10个月，费大劲了。

经过10个月，“三反”“五反”运动就结束了。周总理就把他叫来，说，我要给你详细地讲讲我党的政策，你再改一遍。我们党已经形成完整的一套周密的政策，这些你还不懂。

周总理非常细致，他事先到剧院把这个戏又看了一遍。看完以后，把导演找来，把主要的演员找来，把次要演员也找来，个别谈话。他问演资本家的演员：“你演这个戏，自己感觉怎么样？别不别扭？”小演员说：“有点别扭。”他就收集了这些反映回来，说，这个人物不行，那个人物不行，那个人物应该怎么改，我们的政策是怎么回事。包括很多细节，穿什么服装，用什么道具，还有音响，他都在行。

有一次，我父亲给人艺写了一个戏叫《女店员》，歌颂在“大跃进”中家庭妇女走出家门离开锅台，到社会上去服务，当了售货员，气象很新。这么一个喜剧，那天正好是三八妇女节，周总理带着财政部长李先念去看，说这个事是你们财政的事。看完以后，很喜欢，说今天得照相。上台照相的时候，他不坐在中间。他说：“今天是三八妇女节，把戏中的几个老太太找来坐在中间。”他跟李先念、导演、编剧全在边上，合了一影。

《茶馆》是一部很有意义的戏，当时是很有争议的，幸亏周总理出来，保了这个戏。因为当时“左”的思想已经出来了，看不上这个戏，觉得这个戏怀旧呀！没有红线呀！没有革命呀！不喜欢。但是演员喜欢得很，观众喜欢得很，文艺界艺术家喜欢得很，就请周总理看。周总理称赞这是一部好戏，尤其是第一幕，第一幕是精品。这个戏的价值在于告诉年轻人，旧社会是多么可怕，这是很好的一堂课，而且写得极其生动，特别好。

这个戏第二度演出的时候，国内形势已经很严峻啦！也是周总理出来，说了一句话：“改一改还是可以演的。”才没有被“枪毙”。

“文革”的时候，这部戏整个被否定了。“文革”初期，我父亲受到严酷的迫害，他1966年8月23日投水自尽了。这个事来得太突然，一天之内发生的事情。

我记得，那天清晨我们就得到这个消息，他失踪了。得到这个消息以后，我和大妹妹给周总理写了一封信，我就在衣服里面套了我父亲的血衣，我要告诉周总理，我父亲受到严酷的摧残，情况非常紧急。我就到接待站去递这个消息，要让周总理很快知道家里发生的大事情。负责接待的人看了以后，说："你放心，我们立即把这封信转交给周总理。你先回去等我们的消息。"我还没到家，妈妈就接到电话："信收到了，周总理对这件事表示极大的关注，不要太着急，我们正在想办法找。"当时我正在回来的路上，到家时我父亲已不在人世了。

大概过了一个多月的样子，周总理对当时的秘书长周荣鑫说："你呀，想办法到老舍夫人家去看一看，看看他家怎么样？有什么困难需要我帮助。你呢，必须代表我去对她表示慰问。"

当时的形势十分严峻，基本上把我父亲打成"敌人"，家里完全被抄。周荣鑫没有敢来，不方便。这样，周总理10月1日在天安门城楼上找到了王昆仑副市长。王昆仑与周总理非常熟，跟我父亲又是好朋友，都是在重庆那个时候的老朋友了。周总理问他："老舍先生不在了，你是否知道？"王昆仑正好是最后一位留下来的北京市领导人，他当时算是一个民主人士，其他的人全部都被整垮了。他说："我知道，我有一些耳闻。"周总理对他说："好，你晚上到我家来，一定来，我要跟你详细谈一谈。"夜里，王昆仑见到我母亲，把这些情况详细说了。他就说："你呀，把你所知道的老舍死的情况，详详细细地、原原本本地告诉我，我对这件事情正在进行调查。我还没有调查清楚，当然，我希望你把情况真实地告诉我。"

王昆仑曾经去过孔庙，看到过残酷斗争文艺家的情况，但他不敢出面，也无法阻止当时的这种场面。他远远地看着，非常焦急。当时，受伤最重的是我父亲。王昆仑把所看到的情况以及后来的情况都跟周总理讲了，大概给周总理留下了深刻的印象。从那以后，我们家就慢慢地感到有一只巨大的手，在后面支撑着这个破碎的家，人员的待遇，包括财产，包括存款，包括我妈妈自己的情况，实际上是周总理在一点一点地保护着我们。

但是，我父亲之死，在周总理的心里留下非常大的阴影。他觉得遗憾，他没有来得及保护我父亲。所以大概在我父亲去世以后的一个礼拜，就有一个很重要的社论出来：《要文斗不要武斗》。

我父亲之死这件事经常在周总理心中浮现，到他晚年重病的时候，1975 年，他在北海三〇五医院养病，8 月 23 日这天，他走到北海边上，对着湖水默默沉思了一阵，他突然问旁边的医护人员："你知道今天是什么日子吗?"医护人员想一想是 8 月 23 日，不是什么特别的日子。他说："总理，我不知道今天是什么日子。"周总理说，我来告诉你："今天是老舍先生的祭日，你知道他是怎么死的吗?""有点耳闻，不很清楚。""我清楚，我告诉你。"他非常详细地讲了我父亲去世的经过。

这些经过，显然是他经过调查得来的。由此可见，我父亲在他心中占据着非常重要的位置。过了几年，周总理去世了，"文革"也结束了，经过邓小平同志批示，我父亲在被迫害的文艺家当中很早得到了平反。因为邓小平同志说过："像老舍这样有影响、有代表性的人应当珍视，由统战部或北京市委做出结论均可，不可拖延。"

1978 年 6 月，在很隆重的老舍先生骨灰安放仪式上，邓颖超来得最早，她提前半个小时就来了。到了以后，把我妈妈和我们几个孩子召到一起谈话，她讲：我今天是故意提前半个小时来的，为什么? 就是因为恩来生前多次提到老舍先生的名字，对老舍先生的死，他表示了非常大的悲痛，他念念不忘这件事。所以我今天来是代表恩来同志来的，如果他活着，他肯定提前来，他肯定对这件事情表示悲痛。她说：他对老舍先生非常尊重，他们俩之间的友谊非常深厚。所以老舍的死是一个重大的损失。他觉得，老舍先生的去世是文学界一个重大的损失，他觉得没有保护好老舍先生，他自己觉得非常内疚。

他们之间这种深厚友谊，我在父亲生前多次谈话当中也能够体会出来，他很爱说的一句话是："总理是个伟人。"他每次跟周总理谈过话以后，总是召集全家在一起，来讲一遍周总理讲了什么话，周总理对他有什么指示，要他做什么事情，非常兴奋。每次都是这样的，看得出来他是由衷地佩服周总理。

我记得，郭沫若、梅兰芳等入党的事对我父亲影响很大，他也表示了强烈的愿望，要求加入中国共产党。周总理就到我家里来了，跟他长谈了一次，大概有整整一个下午，谈的内容，没有透露出来。但是从那以后，我父亲就不再提入党的事了。

所以，我想周总理跟我父亲之间的友谊不是一般的，的确像周总理对别人说的那样：我跟老舍一般大，我们都属狗的。他用这种比喻来说明他同文艺界的关系。

我父亲的职务很多，有一个职务是中朝友好协会副会长。在朝鲜战争时，他同贺老总到朝鲜慰问过志愿军和朝鲜人民军，贺老总是团长，他是副团长。到了那儿，他就被志愿军感动了，就对贺老总说：“我要住下来写本小说，写志愿军，你看可以吗？”贺老总说：“可以，我要给志愿军司令部打声招呼，让他们照顾你。”他就下了决心，真的写了一部小说，写上甘岭的事，这部小说叫《无名高地》。

那时，朝鲜客人很多，大家都喜欢喝酒。有一次他醉了酒，回来很晚，这件事叫周总理知道了，第二天就批评他。我父亲回来，头一句话就跟我妈妈说：“今天被批了一顿，总理批评我了，昨天晚上醉酒，总理批评我了。”从那以后，在外交活动上喝酒他就很小心了。有错，周总理就批评他，周总理对他的关心无微不至。

有一次，我父亲有一点感冒，我妈妈就给他一点药吃。后来，被周总理知道了，周总理见了妈妈，严厉地批评她：“你怎么敢自己动药，他是国宝，他生了病，你要送他进医院，你不能自己来。”当时我妈妈很委屈，可是周总理还是说：“这不行，你第一要报告我，第二要送他进医院，我们大家要很好地保护他，爱护他。”

我觉得，我父亲在“文革”中忧心忡忡。有一次他自己吐血了，我们把他送到医院去以后，他非常想见周总理，但是他考虑到周总理太忙，情况又非常复杂，他没有说话。他去世后，我们才发现他枕头旁边有一个小学生用的小本子，上面写了一句话："总理你不要来看我。"他实际上很想让周总理来，两个人再进行一次掏心窝的谈话。他绝对把周总理当成最贴心的人。

对我父亲来说，发生了天大的事，最大的事，最难办的事，主心骨都是周总理。当然他最后的信息是没有发出去，周总理不知道，他突然就去世了。他的去世是一个大的悲剧，他跟周总理之间的友情突然断裂，对他来说是重大的悲剧，这悲剧果然压在活下来的周总理身上，导致他重病的时候，他的思绪很容易回到我父亲身上。

我觉得我父亲和周总理之间是生死之交，是值得长久地流传下来。

周总理是历史巨人，也是我父亲的最大知音，是我们一家人的恩人。

（摘自人民网 2018 年 1 月 25 日）

# 一个永远光耀祖国统一大业的名字

陈斌华　李　鲲　李　凯

邓小平对祖国和平统一大业的巨大贡献为人们所颂扬。他虽然未能目睹港澳回归、海峡两岸交流的蓬勃发展情况，但他所留下的宝贵精神遗产——以“和平统一，一国两制”基本方针为代表的国家统一理论，依然是推动中国统一大业的强大思想武器。邓小平的理论与精神激励着海内外中国人继承他的遗志，致力于完成祖国统一的伟大事业。

“实现国家统一是民族的愿望，一百年不统一，一千年也要统一的。”——作为“中国人民的儿子”，邓小平始终是国家统一的坚定捍卫者、人民意志的代表者。

鸦片战争后中国100多年的内忧外患，使致力民族独立、金瓯一统成为无数仁人志士的追求。中国共产党人把完成祖国统一大业作为自己的历史重任。邓小平在早期革命生涯中，曾数次途经殖民统治下的香港，对中国的积贫积弱、山河破碎有着切身感受。作为中国共产党第二代中央领导集体核心的邓小平，始终代表着人民的意志，把追求祖国统一作为坚定信念和不懈追求。

在维护国家主权和领土完整的问题上，邓小平表现出钢铁般的意志和坚定的原则性。1982 年 9 月，在会见英国首相撒切尔夫人时，邓小平指出："关于主权问题，中国在这个问题上没有回旋余地。坦率地讲，主权问题不是一个可以讨论的问题。""应该明确肯定：1997 年中国将收回香港。""如果不收回，就意味着中国政府是晚清政府，中国领导人是李鸿章！""人民就没有理由信任我们，任何中国政府都应该下野，自动退出历史舞台，没有别的选择。"

面对在祖国统一大业中的各种干扰和斗争，邓小平立场坚定、洞若观火，常有斩钉截铁、一字千钧的决断。1984 年 5 月 25 日，他在北京人民大会堂会见港澳地区全国人大代表和政协委员时专门指出，中国收回香港后，有权在香港驻军。他说，在香港驻军，是维护中华人民共和国领土的象征，是香港稳定和繁荣的保证。"香港是中国的领土，为什么不能驻军？没有这个权力，还叫什么中国的领土！"

邓小平深知维护祖国统一是全民族的意志和愿望。1986 年 9 月 2 日，他在接受美国记者华莱士采访时说："凡是中华民族子孙，都希望中国能统一，分裂状况是违背民族意志的。"他还指出，中国的统一是全中国人民的愿望，是一百几十年的愿望，一个半世纪了嘛！从鸦片战争以来，中国的统一是包括台湾人民在内的中华民族的共同愿望，不是哪个党哪个派，而是整个民族的愿望。

在邓小平内心深处，国家统一是民族实现振兴的必由之路，1990 年 9 月 15 日，他在会见马来西亚郭氏兄弟集团董事长郭鹤年时说："大陆同胞，台湾、香港、澳门的同胞，还有海外华侨，大家都是中华民族子孙。我们要共同奋斗，实现祖国统一和民族振兴。"

这些彪炳史册、光耀千秋的宣示，已经成为中华儿女追求民族复兴的共同理念。

邓小平生前对台湾和香港、澳门牵肠挂肚，深深眷恋。1988 年 9 月 5 日，他在会见捷克斯洛伐克总统胡萨克时说："我的最大愿望是活到一九九七年，因为那时将收回香港，我还想去那里看看。我也想去台湾看看，不过看来一九九七年以前解决这个问题不容易。"1992 年到南方视察时，邓小平曾站在深圳皇岗口岸的过境桥边深情地眺望香港，久久不愿离去。据工作人员介绍，他当时目不转睛地看着香港的方向，当身边人一再请他上车时，他说："让我再看一回吧。"

1997 年 7 月 1 日和 1999 年 12 月 20 日，中华人民共和国政府对香港和澳门恢复行使主权，香港、澳门特别行政区成立。当五星红旗在香港和澳门上空升起时，不少出席政权交接仪式大典的嘉宾将目光转向现场一位年过八旬的女士——邓小平的夫人卓琳。就在距离香港回归几个月前，邓小平不幸逝世。卓琳带着他的夙愿，来到香港和澳门，她说："我能够代表他完成这个遗愿，他在九泉之下也会感到高兴和欣慰的。"

没能够亲眼看到香港、澳门的回归，是邓小平的遗憾，但由他开创的"一国两制"方针，不但促成港澳顺利回归、平稳过渡，而且为两个特别行政区的繁荣稳定提供了根本保证，显示出强大的生命力。

"一言可为天下法，一语而为百世师"——邓小平创造性地提出"一国两制"方针，不仅为中国的统一大业指明了方向，而且成为国际上解决历史遗留问题的成功范例。

历史遗留下来的台湾、香港、澳门问题，深深地萦绕在邓小平的脑海中，他时时擘画着祖国统一大业的宏图。深思熟虑后，他对祖国统一问题得出了一个令世界为之赞叹的结论。他一语千钧地指出："怎么解决这个问题，我看只有实行'一个国家，两种制度'。"

邓小平对"一国两制"核心与本质进行了精辟的诠释："就是中华人民共和国内，十亿人口的大陆实行社会主义制度，香港、台湾实行资本主义。"这一结论是共产党人的政治智慧和创新精神的结晶，是邓小平对当代世界"和平与发展"的时代主题科学的解读和积极实践。

中共十一届三中全会以后，中央提出了实现社会主义现代化、完成祖国统一和维护世界和平三大任务。统一大业千头万绪。对于如何用和平方式完成祖国统一，邓小平展现了一个伟大政治家的恢宏气魄和深邃的战略眼光。他在构思解决台湾问题的方法时，“一国两制”构想已具雏形。

1979 年 1 月，邓小平出访美国前，创建性地提出，台湾作为一个地方政府，当局拥有自己的权力，但必须是在一个中国的条件下，它可以有自己一定的军队……现行的生活方式可以不变，资本主义经济可以不变。

从 1979 年元旦全国人大常委会《告台湾同胞书》到 1981 年 9 月的叶剑英委员长提出台湾回归祖国、实现和平统一的 9 条方针政策，从 1982 年 1 月邓小平会见海外朋友时归纳提出“一个国家，两种制度”到 1983 年 6 月邓小平进一步提出了实现和平统一的 6 条具体构想……“和平统一，一国两制”的构想不断清晰着、完善着，成为解决祖国统一问题的基本方针和最佳方案。而邓小平则以其非凡的胆略和巨大的勇气，集中了全党的智慧，成为这一伟大构想的创造者。

“一国两制”科学构想，既体现了实现祖国统一、维护国家主权的原则性，又充分考虑到台、港、澳的历史和现实，具有高度的灵活性，是一切从实际出发、实事求是精神在祖国统一大业中的具体运用。正如邓小平多次讲到的“一国两制”构想“就是实事求是”，“是从中国的实际提出的”。他说：“我们的社会主义制度是有中国特色的社会主义制度，这个特色，很重要的一个内容就是对香港、澳门、台湾问题的处理，就是‘一国两制’。这是个新事物……这就叫作中国特色。”

“一国两制”构想最早是为解决台湾问题而提出的，根据实际情况，首先运用于解决香港问题的实践中。在邓小平的关心下，中共中央确定了解决香港问题要坚持两个原则：一定要在 1997 年收回香港，不能再晚；二是收回香港以后，一定要保持香港的繁荣和稳定。这以后，经过外交谈判，1984 年 12 月 19 日，中英在北京正式签署了关于香港问题的联合声明，圆满解决了这一历史遗留问题，实现了中国人民长久以来收回香港的愿望。

香港问题的解决，极大地推进了澳门回归的进程。1987 年 4 月 13 日，中葡两国签署了联合声明，确认中国政府收回澳门。至此，在“一国两制”构想的指导下，港澳的前途问题得到最终解决。

1997 年 7 月 1 日和 1999 年 12 月 20 日，香港、澳门分别回到了祖国的怀抱，中国统一的“三步走”工程踏出了坚实的两步，也为台湾问题的解决、实现祖国完全统一树立了光辉典范。香港知名人士撰文赞扬“一国两制”：“一言可为天下法，一语而为百世师。”

“一国两制”伟大构想，不仅为中国的和平统一指明了方向，也为国际上解决历史遗留问题提供了全新思维，是对人类文明和进步事业的伟大贡献。英国前首相撒切尔夫人曾由衷地赞叹说：从历史的观点看，“一国两制”是最富天才的创造，这个构想看起来是个简单的想法，却是充满想象力的构想。

“一国两制”构想作为新时期中国共产党提出的最重要的政治理论和国家理论之一，作为邓小平理论的有机组成部分，已被写入了中共十五大报告；作为中国共产党实现祖国和平统一的基本指导思想，已被载入了《中国共产党党章》；作为国家解决历史遗留问题的一项基本国策，已体现在《中华人民共和国宪法》中。邓小平的名字，永远光耀在祖国统一的大道上。

（摘自人民网 2017 年 12 月 20 日）

# 人间蒸发三十年，誓言无声铸重器

yu yan

自带热搜体质的习主席，前阵子又在微博上刷屏了，因为他在全国精神文明建设表彰大会上主动给一位老人让座。尽管老人再三推辞，他依然坚持将老人请上前，坐在自己身边。

这位老人名叫黄旭华。他曾是离国家机密最近，也是最令美国人忌惮的中国人之一。他就是中船重工第719研究所名誉所长，首批中国工程院院士，也是我国第一代核潜艇总设计师，大名鼎鼎的“中国核潜艇之父”。

然而在显赫头衔背后藏着的是，其艰苦卓绝的科研生涯以及长达30多年隐姓埋名的生活。

## 一

1926 年，黄旭华出生在广东省的一个小镇。因为父母都是医生，所以他自小的志愿便是继承父母衣钵，成为一名医者济世救人。

但是黄旭华出生后的日子并不太平，经常是课上着上着就有日寇的敌机盘旋，中学时由于家乡沦陷导致他肄业了，12 岁的他和哥哥只能长途跋涉四天四夜回到祖籍揭阳继续求学。

好景不长，没两年新的学校也办不下去了，黄旭华的学业基本上是在兵荒马乱中辗转梅县、桂林、重庆等地完成的。

这些年来看尽了战火纷飞下的家破人亡、妻离子散，让他意识到：中国太弱了，弱国就要受欺凌。

于是年少的黄旭华决定放弃学医的志向：“我不学医了，我要学航空、学造船，我要科学救国!”

1945 年，黄旭华以第一名的成绩考上了当时被称为“东方麻省理工”的上海交通大学造船系，从此踏上了他想走的科学救国之路。

## 二

1954 年，美国“鹦鹉螺号”核潜艇首次试航，这种新武器的巨大威力一度超出了当时人们的想象。4 年后，国防科委组建了一支仿制导弹核潜艇的队伍，整个队伍的平均年龄连 30 岁都不到，黄旭华就是其中之一。

但是 1959 年赫鲁晓夫访华后，认为中国根本不可能建造出核潜艇，次年苏联政府更是全面撤出了援华专家，从人员到图纸再到技术、设备什么都没留下，使我国的核潜艇研发事业一度中断。

但毛主席说：“核潜艇，一万年也要造出来!”这句话说出了所有参与研制核潜艇的科研人员的心声，也让黄旭华坚定了一定要让中国拥有自己的核潜艇的信念，他说：“听了这句话，更坚定了我献身核潜艇事业的人生走向。”

于是这支队伍重新整装出发，开始了从无到有的摸索，自主研发核潜艇。为了保密，黄旭华就在家人的生活里消失了，他去了辽宁省的葫芦岛，开始了漫长的“无名”岁月。

当时的葫芦岛远比不上现如今的条件，环境十分恶劣。当时人对那里的形容是“两头大，中间小，风沙多，姑娘少，兔子野鸡满山跑”。

后来黄旭华自己回忆时，也笑着调侃说那里物资匮乏，每天的饭菜都没什么变化。

夏天就是“早上茄子炒辣椒，中午辣椒炒茄子，晚上茄子辣椒一起炒”；到了冬天就是“早上土豆炖白菜，中午白菜炖土豆，晚上土豆白菜一锅炖”。

连天气都不怎么友好，岛上的风沙“一年刮两次，一次刮半年”。

然而吃不好住不好还只是次要的，最困难的是，当时的中国科技水平和工业水平都很落后，甚至根本就没有人见过核潜艇。没有参考资料，所有的研发工作都需要靠黄旭华和同事们一起自己琢磨。

黄旭华和同事根据搜索到的零碎的资料，集中分析出了大致的核潜艇模型，但谁都没有把握到底是不是可行。

恰巧当时有人从美国带回来了两个“华盛顿”号核潜艇的玩具模型，黄旭华和同事立马讨来拆解，发现玩具内部大大小小的零部件竟然和他们自己揣摩出来的核潜艇架构基本一致，令他们对设计大增信心。

这仅是核潜艇研发的第一步，有了图纸，如何建造核潜艇也是一个重大难题。黄旭华并未退缩，带领着团队用“土办法”一点点钻研核潜艇的制造。比如为了进行核潜艇的定重测试，他效仿曹冲称象将潜艇所有设备挨个上秤称重，任何边角料都没放过。

这番不辞辛苦换来的是最终核潜艇下水后的定重测试值和设计预估值几乎完全吻合！

而制造核潜艇的过程中，所有的海量计算都是黄旭华带领同事靠着算盘完成的。当时国内还没有手摇计算机，黄旭华回忆：“每一组数字由两组人计算，获得相同答案才能通过。常常为了一个数据，算上一整夜。”

至今，他还珍藏着一把北京生产的“前进”牌算盘，这把算盘陪伴他度过了无数个日日夜夜。“毫不夸张地说，我国第一代核潜艇的许多关键数据都是出于这把算盘。”

1970 年 12 月 26 日，中国第一艘核潜艇下水。黄旭华和他的同事们仅用了 10 年的时间，就完成了西方国家几十年才走完的路。4 年后的建军节，这艘核潜艇被命名为“长征一号”正式服役。

至此，中国成为继美、苏、英、法之后世界上第五个拥有核潜艇的国家，具备了二次核反击的能力!

当这个庞然大物从水中浮起时，黄旭华激动得泪流满面。

在这里插一段黄老先生很少提及的曲折遭遇。

最艰苦的时候，就是在“文革”期间。1966 年黄旭华正在北京主持一个重要的核潜艇工程的协调会。

突然，几个本单位的“造反派”冲进会场，粗暴无礼他把他当作“特务”揪了出来。

他被带回基地，一边养猪，一边随时被提审。

在这种情况下，黄旭华没有自怨自艾，没有心生怨气。

那么他背叛祖国远走他乡了吗？没有！黄旭华依旧是白天被批斗，晚上熬夜把工作进度赶回来。

因为他的心里坦坦荡荡的，根本不怕批斗，依然对祖国的未来充满了希望，终于在 1970 年研制出了中国第一艘核潜艇“长征一号”。

核潜艇造出来了，但是还要具备足够的战斗力，极限深潜测试便是关键。那是检验核潜艇在极限情况下结构和通海系统安全性的试验。但是这项试验极具挑战与危险，20 世纪 60 年代美国核潜艇“长尾鲨”号就在深潜试验时沉没了，艇上 160 人全部丧生。

1988 年，已是核潜艇总设计师的黄旭华不顾他人的劝说，毅然决定登上核潜艇亲自参与极限深潜试验。而全世界都没有总设计师跟随深潜试验的先例。

“万一深潜过程中出现异常现象，我可以及时帮助采取措施。我不是充英雄好汉，要跟大家一起去牺牲，而是对大家的生命安全负责，确保人、艇安全。”

历时 4 个小时，核潜艇下到了水下设计深度。巨大的水压使核潜艇艇身多处发出“咔嗒”的声响，所有参与试验的人员紧张得大气都不敢出。黄旭华沉着应对，冷静地安排大家收集数据，成功完成了这次惊心动魄的试验。

当潜艇浮回水面的那一刻，所有人都沸腾了。

黄旭华更是高兴得当场赋诗一首：“花甲痴翁，志探龙宫，惊涛骇浪，乐在其中！”

## 三

此时的黄旭华已经 62 岁了，整整 30 年没有回过家。30 年间他几乎是音信全无，家人不知道他在哪里、做什么工作，只知道一个信箱号码。就连父亲去世，黄旭华都没能回家去送父亲最后一程。兄弟对此难以理解，甚至一度与他断了往来。

黄旭华对此心存愧疚：“父亲病重的时候，我没能回家看护；父亲病逝，我也没能奔丧。”

父亲至死也不知道他的三儿子在什么单位，更不知道是在干什么工作。

直到 1987 年，上海《文汇报》刊登了一篇名为《赫赫而无名的人生》的报告文学。黄旭华将这篇文章寄回家里，黄母这才知道文章里始终未提及姓名的“黄总设计师”就是已经快 30 年没回过家的三儿子。

黄母把这篇文章翻看了一遍又一遍，流着泪对家人说：“三哥（黄旭华）的事情，大家要谅解。”

这句话背后母亲的谅解，黄旭华等了整整 30 年。1995 年，黄旭华 102 岁的母亲，不慎摔了一跤，接到弟弟打来电话的黄旭华，火速赶回了千里之外的家乡。

看到黄旭华最后一面的母亲，安详地走了。母亲对黄旭华说的最后一句话，不是埋怨和悔恨，而是一句“你吃胖了”。

有记者问过黄旭华，怎么理解“自古忠孝两难全”。他的回答是：“对国家的忠，就是对父母最大的孝。”

2014年，《感动中国》把奖颁给黄旭华，他深藏多年的功与名才被世人所熟知。

2016年中国首艘核潜艇游弋深海40多年后退役，进驻青岛海军博物馆码头。已是耄耋之龄的黄旭华却仍未停止核潜艇研制的脚步。91岁的他每天早上6点起床打半个小时的太极，8点准时到办公室工作。

十几平方米的办公室里堆着一米多高的研究资料，凝结了他毕生的心血。黄旭华说：“我现在就是要把我所有的研究整理好，奉献我最后的力量。”

2016年《开讲啦》专门策划了“国之脊梁”主题的系列节目，邀请到了黄旭华。

他打算将此作为闭关演讲，为此认真准备了许久，十几页手写演讲稿改了不知道多少次。

演讲时，他从容且幽默。提起有一次他在阁楼上不慎脚滑踩空，把家人吓得够呛。没想到黄旭华自己一个后空翻就站稳了，令女婿当场目瞪口呆。

听黄旭华讲完自己隐姓埋名30年，为中国完成自主研发核潜艇的故事，在场许多观众感动到落泪，无人不为之动容。

主持人直言：“做这个节目4年，这是我听过最震撼、最让人心情无法平静的演讲。”

有人问他，如果重来一次，是否还会愿意选择隐姓埋名30年去研制核潜艇？黄旭华说：“不会变，科学报国是我的梦想，我还是会隐姓埋名做好工作，当青丝化作白发，依旧铁马冰河。”

（摘自微信公众号“中国好学者”）

# 爱国心　强国梦

吉　星

党的十九大报告指出，创新是引领发展的第一动力，是建设现代化经济体系的战略支撑。要瞄准世界科技前沿，强化基础研究，实现前瞻性基础研究、引领性原创成果重大突破。哈尔滨工业大学刘永坦教授深知此理，并用自己毕生的理论和实践诠释着“创新”二字的深刻内涵。他曾发过一个宏愿，那就是开创中国的新体制雷达之路。为此，他带领团队艰苦奋斗，不惧困境，砥砺前行，最终结出了科技创新的累累硕果。当各种荣誉纷至沓来之时，刘永坦却从未“因为走得太远而忘记为什么出发”，他始终不忘初心，为人民谋幸福，为民族谋复兴，时时刻刻践行着一名中国知识分子的责任担当和光荣使命。

人们都称刘永坦为“杂家”，即使跟这位中国科学院、中国工程院的两院院士不谈雷达技术、不谈科学研究、不谈教书育人，只谈文学艺术、历史哲学，他也照样有说不完的话题。就连刚刚接触他不久的人，也都能深切感受到其敏锐的洞察力、睿智的言谈以及眉宇间的浩然之气。

## 一

1936 年 12 月 1 日，刘永坦出生在南京一个温馨的书香门第。然而，生活在内忧外患的乱世，无论什么样的家庭，都无法摆脱那挥之不去的阴霾和苦难。国家蒙难，民何以安？出生不到一年，他就随家人开始了逃难生涯。“永坦”不仅是家人对他人生平安顺遂最好的祝愿，也是对国家命运最深的企盼。

“‘死去元知万事空，但悲不见九州同。王师北定中原日，家祭无忘告乃翁。’‘三十功名尘与土，八千里路云和月。莫等闲、白了少年头，空悲切。’……我永远不会忘记在昏暗的菜油灯下做完作业后，聆听母亲用慈祥动人的声音诵读诗词和讲解家国大义时的激情。”

刘永坦很早就在母亲的“监督”下读史书、诵诗文、勤思考，培养出了很强的求知欲和爱国心。父亲常常告诉刘永坦，科学可以救国，可以振兴中华。

1953 年，刘永坦怀着投身祖国工业化的决心，以优异的成绩考入哈工大。经过一年预科、两年本科的学习，成绩优异的他作为预备师资之一，被学校派往清华大学进修无线电技术。短暂的两年时光，他毫不懈怠，扎扎实实地完成了学习任务。1958 年，刘永坦回到哈工大参与组建无线电工程系。这年夏天，他走上了大学讲台，正式成为哈工大的青年教师和科技工作者。

1965 年春，刘永坦参加了科技攻关第一战，承担了国家“单脉冲延迟接收机”研制任务，主持并提出了总体设计方案。遗憾的是，他还没有来得及完成人生第一项研制任务，“文革”就开始了。1970 年刘永坦插队落户到黑龙江省五常县(今黑龙江五常市)。积肥、种地、插秧，他的工作与无线电暂时“绝缘”。

深谙历史进程的刘永坦非但没有心灰意冷，反而愈挫愈勇，历苦弥坚。因为他知道，社会在发展的过程中难免出现波折，处于逆境之中的个人必须经得起考验。

“爱国就要真正了解我们的国家，千千万万的农民不都是这么辛勤劳苦吗？我有什么好抱怨的?”繁重的水田劳作没有使刘永坦消沉下去，反而激励他做起了“合格的农民”，但也因此落下了伴随一生的腰病。

1973 年重回学校后，刘永坦所在的专业正在从事声表面波的器件研究。由于研究需要大量数字计算，他成为系里第一个学会使用计算机的人。

1978 年，刘永坦被破格晋升为无线电系副教授。同年 8 月的一天，刘永坦正在修抗洪江堤。一纸去北京语言学院参加出国人员外语培训班选拔考试的通知，让没有任何准备的他奔赴北京，走进阔别已久的考场。凭借扎实的“内功”，他以优异的成绩考上了出国外语培训班的快班。

1979 年 6 月，刘永坦到英国埃塞克斯大学和伯明翰大学进修和工作。伯明翰大学电子工程系拥有丰富的文献资料和先进的试验设备，聚集着一大批雷达技术的知名专家和学者——刘永坦的导师谢尔曼就是其中之一。刘永坦来进修之前，这里曾接收过少量的中国留学生。不过，他们大多做的是科研辅助工作。

了解情况之后，刘永坦心里不是滋味儿。因此，他更是严格要求自己，铆足劲去学。刘永坦常常提醒自己：“我是一名中国人，我的成功与否代表着中国新一代知识分子的形象。”

## 二

刚开始，谢尔曼给刘永坦布置了大量英文文献去学习。凭借过硬的英文功底、深厚的专业知识，刘永坦很快完成了“作业”。他的勤奋、刻苦和才华赢得了谢尔曼的信赖和赏识。谢尔曼开始让他帮带博士生，并让他参与到重大科研项目“民用海态遥感信号处理机”的部分研制工作。这一技术对刘永坦来说是一个全新的领域，他深知此项课题的艰巨性。

设计—试验—失败—总结—再试验……无数个日日夜夜在刘永坦的钻研中悄无声息地溜走。终于，一年多以后，他顺利完成了具有国际先进水平的信号处理机的研制工作。导师谢尔曼评价说：“刘永坦独自完成的工程系统，是一个最有实用价值、工程上很完善的设备，其科研成果无论在理论上还是实践上都很重要。他的贡献是具有独创性的。”进修期间，伯明翰大学授予刘永坦“名誉研究员”的称号。

通过这次难得的科研任务，刘永坦对雷达有了全新的认识。传统的雷达虽然有“千里眼”之称，但也有“看”不到的地方。世界上不少国家因此致力研制新体制雷达，从而使“千里眼”练就“火眼金睛”的本领，伯明翰大学电子工程系就在做这项工作。

“中国也必须要发展这样的雷达！这就是我要做的！”刘永坦说，“我学有所成，当然要回国。在英国，无论我工作多么努力，取得了多大的成绩，终归是在给别人干活。回到祖国，我可以堂堂正正地署上‘中华人民共和国’，这种心情是何等舒畅！”

1981 年的金秋，进修结束后的刘永坦立刻起程回国。此刻，他的心中已萌生出一个宏愿——开创中国的新体制雷达之路。

新体制雷达被俄罗斯人称为“21 世纪的雷达”。当今世界的千余种雷达中，新体制雷达不仅代表着现代雷达的一个发展趋势，而且对航天、航海、渔业、沿海石油开发、海洋气候预报、海岸经济区发展等领域也都有重要作用。20 世纪 70 年代中期，中国曾经对这种新体制雷达进行过突击性的会战攻关，但由于难度太大、国外实行技术封锁等诸多因素，最终未获成果。

除了基本理论和思路外，刘永坦根本找不到多少资料，更没有相关的技术可供借鉴。对此，当时有人说，大的研究院所尚且不具备这样的条件和能力，更别说一所大学了；还有人说，这样的研究风险太大、周期太长，很可能把时间和精力都搭进去了却一事无成……但是刘永坦不改初衷。

1982 年初春，刘永坦专程赶赴北京，向当时的航天工业部预研部门领导汇报，详实地介绍了当时发达国家新体制雷达发展的动态，并畅谈了自己的大胆设想。预研部门的领导听得十分认真，当场拍板支持刘永坦的设想，希望他迅速组织科技攻关力量，早日把新体制雷达研制出来。得到支持后，刘永坦立即进行了细致的策划和准备。他根据当时世界上雷达的最新技术信息，运用自己在国外取得的科研新成果，采用了独特的信号与数字处理技术，提出研制中国新体制雷达的方案。也是在这一年，刘永坦光荣地加入了中国共产党。

经过 10 个月的连续奋战后，一份 20 多万字的《新体制雷达的总体方案论证报告》诞生了。1983 年夏，原航天工业部科技委员会召开方案评审会，对这份新体制雷达方案报告做详细评审。专题会开了整整 4 天，最后与会专家们一致表决通过该报告。有两位与会的知名老专家深有感触地说：“我们已经多年没有看到过如此详细的论证报告了！”

这是一场填补国内空白、从零起步的具有开拓性的攻坚战。接下来的战斗更加艰苦卓绝。经过 800 多个日日夜夜的努力、数千次实验、数万个测试数据的获取，刘永坦主持的航天部预研项目“新体制雷达关键技术及方案论证”获得硕果，许多关键技术的突破为中国新体制雷达研制成功打下了良好基础。

1986 年 7 月，航天工业部在哈工大举行了新体制雷达关键技术成果鉴定会。50 多位专家认真审查、讨论和评议，一致认为：“哈尔滨工业大学用两年多的时间在技术攻关中取得了重大进展，已经掌握了新体制雷达的主要关键技术，某些单项技术已经进入国际国内先进行列。由于主要关键技术已经突破，证明原定方案是可行的，已经具备了进一步完善雷达系统设计并建立实验站的条件。”从此，新体制雷达从预研项目被列为国家科技应用与基础研究项目。

刘永坦和他的团队已经完成了预研使命，完全可以结题报奖了。但是，他认为仅仅“纸上谈兵”是不够的，国家真正需要的是进一步建立有实际意义的雷达实验站。1986 年，刘永坦开始主持“新体制雷达研究”，为研制成完整的雷达系统而奋力拼搏。1989 年，中国第一个新体制雷达站建成。1990 年 4 月，雷达站完成了整机调试。1990 年 10 月，国家多个部门联合举行的鉴定会宣布：“新体制雷达研究成果居国际领先水平。”1991 年，该项目荣获国家科技进步奖一等奖。

从 1987 年开始，刘永坦和他的同事们还承担了国家“863”计划项目新体制雷达研制工作。刘永坦率领攻关团队与航天工业总公司的有关研究所联合成功研制了中国第一台实验雷达，为中国雷达技术的进一步发展奠定了坚实的基础。

刘永坦在雷达、制导技术方面的创造性科学成就和突出贡献，为国内外同行专家所瞩目。由于其出色的成绩，他于 1990 年被人事部批准为有突出贡献的中青年专家，1991 年当选为中国科学院学部委员（院士），1994 年又当选为中国工程院首届院士。

## 三

刘永坦说过这样一句话：“我这个‘双院士’称号，是整个研究所集体智慧的结晶。”的确，科学技术发展到今天，科研活动不太可能再允许一个人去单打独斗。新体制雷达研制队伍就是一个相互协作的团队。

进行雷达研制，研究人员大部分时间都要在现场做试验。外场试验期间，刘永坦带领团队成员常常在条件恶劣的试验现场一干就是几个月，临到春节前一两天才能回家与亲人团聚，短短几天之后又得返回试验现场。刘永坦曾反复对团队成员们说——

“跟理论相比，实际情况会有很多意想不到的事情掺入其中，需要仔细分析各种各样的原因，一件件解决。这也是好事，因为不碰到实际问题永远也提高不了，你有的都是书本上的很漂亮的理论，但往往套到实际中去就发现不是那么回事了，只有在实际中解决问题，才能体现出理论的完美。”

调试初期，系统死机频频出现。问题究竟出在哪里？几十万行的大型控制程序，再加上发射、接收、信号处理、显示等设备组成的庞大系统，任何一个微小的故障都可能导致整个系统无法运行。要从这么大的系统中找出问题的症结，工作量无疑是很大的。可试验中的运行状况是决定项目能不能顺利转入下一阶段研制的关键。刘永坦率领他的团队，每天工作十几个小时，从系统的每一个程序开始检查，发现一个问题就解决一个问题，保证了系统的稳定运行。

新体制雷达不同于以往的微波雷达，就连航天部的专家们在论证时也低估了其工程化的难度。批复的经费在采购完必要的仪器设备之后，可支配的资金已经所剩无几。有道是“巧妇难为无米之炊”，面对这种境况，有些人灰心了。关键时刻，刘永坦不但没有退缩，反而奋勇直前。经过反复讨论，他们决定自筹资金并争取到国家有关部门的大力支持。随后的日子，这群优秀的科技工作者顶风冒雪，日晒雨淋，终于在 1989 年建成了中国第一个新体制雷达站。

“有志者，事竟成，破釜沉舟，百二秦关终属楚。苦心人，天不负，卧薪尝胆，三千越甲可吞吴。”1990 年 4 月 3 日，对于所有人来说，都是一个难忘的日子。这一天，刘永坦及其团队的新体制雷达技术终于使目标出现在屏幕上。当时团队成员都流泪了，为的是成功后的狂喜，也为 8 年来不为外人知晓的艰辛。8 年之中，刘永坦的团队也从当初的 6 人攻关课题组发展成了几十人的电子工程技术研究所。

“没有理论指导的实践是盲目的实践，没有被实践证实并得以丰富发展的理论是空洞的理论。只有这两者紧密结合、相辅相成，才是我们完成具有创新科研工作的指导方针。”

研究成果虽然获得了国家科技进步奖一等奖，但刘永坦觉得这还远远不够，他认为这些成果倘若不能变成真正的应用，那无疑就像是一把没有开刃的宝剑，好看却不中用，这对国家来说是一种巨大的浪费和损失。

“一定要把实验室里的成果变成真正的应用。”面对人生的又一次重要抉择，刘永坦再一次做出了为大义舍小利的决定。这一次，他知道不止需要 8 年。随后发生的事情，让刘永坦“意外”地深深感动了一回。在得知他的决定之后，团队成员竟然全部义无反顾地做出了全力支持的决定。团队骨干许荣庆、张宁、权太范、邓维波、马子龙、张庆祥、于长军、赵彬等人都说：“刘老师艺高胆大，又善于团结大家一起协力攻关，我们跟着刘老师干有信心。”

任何一支团队都有着自己的“精神”。这精神是什么？是一种性格，也是一种情怀。刘永坦所秉承的性格和情怀是敢于迎难而上、挑战自我的气魄，是困境之中勇往直前、毫不退缩的决心，是难题面前义无反顾、敢于亮剑的斗志。他的性格和情怀早已润物细无声般深深植根于团队每一个成员的心中。

“新体制雷达项目得到了国家高度重视。它对国家、学校和专业都意义重大，我们压力很大，但必须做好。”1997年，新体制雷达被批准正式立项，哈工大作为总体单位承担研制工作，这在国内高校中还是首次。大家深知，面前是一条只能进不能退的路。

“一个一个研究，一个一个排除，可以说，这十几年我们是在解决强大的电磁干扰中成长的。”回忆起从实验场地转战到实际应用场地的岁月，团队成员都唏嘘不已：很多理论、技术上的难点和空白仍然需要去解决、去填补，再加上地域和环境的差异，实际工作中又产生了许多新的问题和困难。各种各样的广播电台、短波电台、渔船，发出强大的电磁干扰就是其中一个最大的难题。的确，这太不容易了。因为这类项目一般都是由专业院所才能完成，绝非一所高校能做到的。更何况刘永坦团队当时仅有二十几人。

“这些家在哈尔滨的队员，每一次去基地常常要干两三个月然后才能回来休整几天。”刘永坦说，“能为国家的强大做贡献是我们最大的动力和使命。国家把这么重要的项目交给我们做，这是我们最大的荣耀，所以我们团队的队员尽管清贫，却干得有劲、觉得光荣。”

宝剑锋从磨砺出，梅花香自苦寒来。按照国家有关部门提出的继续提高雷达性能的要求，又是10余年的艰辛努力和刻苦攻关，刘永坦和他的团队又一次圆满完成了任务。

刘永坦为之不懈奋斗的新体制雷达打破了国外技术垄断，使中国成为世界上少数几个拥有该技术的国家，对长期以来困扰雷达的诸多威胁提供了有效的对抗技术措施，而且比其他技术造价低，具有十分广阔的应用前景。值得一提的是，这项于2015年荣获国家科技进步一等奖的成果，将在保卫祖国海疆的过程中发挥不可替代的强大作用。

（摘自《光明日报》2017年11月6日）

# 老清华学子用歌声讲述青春故事

范彦萍

最近，一群平均年龄72.3岁的清华学子登上了《出彩中国人》的舞台，一首《我爱你，中国》唱得全场感动。感动到人们的不只是他们的歌声，更重要的是唱歌的人。

登台表演的老年合唱团是清华大学上海校友会艺术团。作为那一代人中少有的接受过高等教育的知识分子，他们却并不出名。

有人曾说，跟大师辈出的民国相比，当代的中国似乎显得黯淡无光。甚至出现过“民国之后，再无大师”的说法。当代的中国真的没有大师吗？

网友“Jonah”说：我上过刘西拉教授的课。刘西拉教授有一句话让我印象很深。他回答国内某顶尖高校的学生问他为什么当代中国出不了大师的问题时说，当代中国不是出了一个两个大师，而是出现了整整一代人。

77岁的刘西拉教授是清华上海校友会艺术团的团长。1968年清华大学结构工程专业研究生毕业后，1981 年刘西拉到普渡大学进修，后获得博士学位。回国之后，刘西拉先后在清华大学及上海交通大学担任土木工程系教授，兼任中国土木工程学会副秘书长，也是国家攀登计划土木、水利工程基础研究的首席科学家。

艺术团内负责钢琴伴奏的陈陈教授，是上海交通大学电子信息与电气工程学院的教授及博士生导师，也是刘西拉教授的妻子。退休后他们组建了这个艺术团。

团员中的程不时先生已经 87 岁高龄。1951 年从清华大学航空工程系毕业后，他进入航天工业局。他是中国第一代大飞机运 -10 的副总设计师，也是大飞机 C919 的专家组成员。他说："我亲眼看到了日本飞机对中国的轰炸，所以在我 11 岁的时候就抱定了志向：等长大了我要为祖国设计飞机。"

团员中的张利兴将军与妻子朱凤蓉在清华大学毕业后，到新疆马兰核试验基地，进行科研工作。直到去年，张利兴才返回老家上海。

1959 年张利兴考入清华大学工程物理系，大一那年，他在颐和园遇到了陈毅将军，"等你们搞出了原子弹，我的腰杆就硬了"。受到这样的嘱托，张利兴一直在荒漠戈壁上奋斗了 50 多年，坚持着核武器的研究工作。

不少网友表示，要向这些爱国老人学习。

网友"壹十三"说：如果把中国看作是一个"人"，那么他们就是最重要的那条脊柱骨，有了他们中国才可以"站起来"。对于这些贡献者你只需要感恩、学习、继承即可。

网友"乌托邦"的留言令人动容："这个场景让我震撼，燃起了青春和梦想的火焰。年龄的增加会使人变得越来越现实，越来越关注自我，这本身没什么不好，甚至说是合乎人性根本的。但当你为一群为国奉献的老人而感动时，说明自己内心深处还潜藏着一丝理想和追求。穷则独善其身，达则兼济天下。愿自己在穷时不忘兼济天下之志，不忘初心。"

听到年轻人的反馈，82 岁的张开慧笑了。"看吧，这是年轻人发自内心的肯定。我们在台上把一辈子的情感通过歌声表达出来，希望能感动大家，没想到反响那么大，激发了国人的爱国热情。"

“拿我为例，我从第二个‘五年计划’开始就参加工作。那时，搞核能的大学生一辈子在大漠里付出。我们毕业后到苏联援建的156个项目之一的黑龙江富拉尔基发电厂，当时条件之艰苦，恐怕现在的年轻人想象不到。那时，我们吃的粮食品种超过30种，实在没东西吃了，连喂牲口的粮食都吃，吃了后胃里发胀。我们住在‘干打垒’里，那是一种由泥巴堆砌起来的房子。居住的地方没有厕所，零下二三十度的夜里，要跑到三五十米开外没有水冲洗的旱厕，冻得瑟瑟发抖。”忆及过去，再看今朝，张老的语气一如既往的平静，“眼睛一眨，一辈子就这么过来了。对我们当年吃过的苦，我们无怨无悔。即便我们的退休待遇和年轻人的收入有差距，我们也没有丝毫埋怨。因为看到这几十年来国家逐渐强盛起来，这期间有我们的一份绵薄之力，就已经很满足了。”

对于节目播出后的巨大反响，团长刘西拉说：“其实，我们的合唱受到关注，并非我们唱得多好，而是我们唱出了大家心里的一句话。”

（摘自《文摘报》2017年6月22日）

# 致谢

盛夏又至。窗外草木繁盛，绿树成荫，让人感触到了生命的的蓬勃与绽放。回想去年这个时节，我们推出了《读者丛书·社会主义核心价值观读本》。丛书一经推出，不仅得到了广大读者的一致认可，而且获得了业界的广泛好评，被称为是一套“用好故事拨动时代心弦”的好书。今年盛夏，我们带着梦想再次出发，开始了新的征程与探索……

继《读者丛书·社会主义核心价值观读本》成功出版发行之后，甘肃人民出版社又策划了《读者丛书·中国梦读本》。丛书以读者品牌为引领，围绕“寻梦追梦、中国道路、中国精神、人民梦想、实干兴邦”等主题，从各种图书、报刊、网站上精选了500多篇美文汇编成册，每册突显一个主题，奉献给广大读者。在丛书策划、编辑出版过程中，得到了中共甘肃省委宣传部、甘肃省新闻出版广电局以及读者出版集团、读者杂志社等多方的指导和帮助，在此深表谢意！与此同时,丛书的编撰也得到了绝大多数作者的理解和支持,他们对作品的授权选编和对丛书的一致认可使我们消除了后顾之忧,对此我们表示诚挚的谢意!虽然我们尽力想把工作做得更细致更扎实些,但因为种种原因依然未能联系到部分作者,对此我们深表歉意,也请这些作者见到图书后与我们联系。我们的联系方式是:甘肃人民出版社(甘肃省兰州市读者大道568号,730030,联系人:马晓燕,0931—8773122)。

《读者丛书·中国梦读本》是我们送给筑梦路上人们的美好希冀和前行的精神动力。当您打开这套丛书的时候,您可以看到仁人志士在寻梦路上用生命和鲜血书写的人生丰碑,也可以感受到几代科学家在强国路上的无私和献身精神;还可以看到普通人在追梦路上的辛勤汗水……是他们,用自己的牺牲和奉献默默无闻地支撑起中国梦。您就更加清楚:我们比任何时候都更接近梦想!

身为出版人,我们深知,要做一本好书,不仅要有好的主题,好的构思、立意,更要有好的故事。因此,利用"读者"的品牌影响力,以"读者+"的形式述说时代主题成为了我们新的出版理念。换言之,就是秉持《读者》"清新、隽永、朴实、平民"的风格和"真、善、美"价值标准,用一个个好故事拨动我们这个时代的"心弦",倾听我们这个时代的脉搏。我们相信,这一个个好故事,犹如一粒粒种子,将会在每一位读者心中生根、发芽,最后成为一棵棵参天大树。

这是我们读者人的中国梦!也是我们所有出版人的中国梦!

读者丛书编辑组

2018年6月